Friedrich Imhoof-Blumer

Die Münzen Akarnaniens

Friedrich Imhoof-Blumer

Die Münzen Akarnaniens

ISBN/EAN: 9783743304420

Hergestellt in Europa, USA, Kanada, Australien, Japan

Cover: Foto ©ninafisch / pixelio.de

Friedrich Imhoof-Blumer

Die Münzen Akarnaniens

Die

Münzen Akarnaniens.

Von

Dr. F. Imhoof-Blumer.

Mit drei Tafeln und acht Holzschnitten.

Wien, 1878.

Druck der kaiserlich-königlichen Hof- und Staatsdruckerei.

Verlag der Manz'schen k. k. Hof-Verlags- und Universitäts-Buchhandlung.

Eines der merkwürdigsten Münzwesen des alten
Hellas ist dasjenige des Bundes und der einzelnen
Städte der Akarnanen. Dasselbe lässt sich in mehrere
deutliche Gruppen zergliedern, deren Gestaltung und
chronologische Reihenfolge, wie mir scheint, bis jetzt noch
nie zu deutlicher Uebersichtlichkeit gedichen ist. Diese
Aufgabe wird erschwert durch die ausserordentliche Dürf-
tigkeit der geschichtlichen Ueberlieferungen, welche uns
über die politische Entwicklung Akarnaniens erhalten
sind. Für die Begrenzung der verschiedenen Prägeperio-
den lassen sich aus jenen nur wenige sichere Anhaltspunkte gewinnen: es müssen daher zur Erzielung nur
annähernd richtiger Resultate vorzugsweise die im Lande
geschlagenen Münzen selbst zu Rathe gezogen werden,
einzeln und gruppenweise, mit Berücksichtigung ihrer
Technik und ihres Stils, ihrer Typen und Gewichte. Die
nachfolgenden Zusammenstellungen theils bekannter,
theils unedirter akarnanischer Münzen und die sie beglei-
tenden Bemerkungen können bei der Schwierigkeit der

Materie nicht beanspruchen, eine vollkommene Lösung
der gestellten Aufgabe zu sein; sie bilden nur einen Versuch dazu und mögen einstweilen als Anleitung dienen
zur weitern Sichtung und Ordnung des numismatischen
Materials, das wir von Akarnanien besitzen und besitzen
werden.

Denjenigen, die zur Förderung dieses Zweckes mich
in liberalster Weise in den Stand gesetzt haben, meine
Sammlung von Originalien durch reiche Serien trefflicher
Copien zu ergänzen, in erster Linie Herrn J. P. Six in
Amsterdam und den Directoren des Britischen
Museums, der Münzkabinete in München, Wien,
Athen, Paris und aller italischen Städte von Turin
bis Palermo, sei hier der wärmste Dank ausgesprochen.

Je umfangreicher das Material ist, das zur unmittel-
baren Anschauung und Vergleichung vorliegt, desto gründ-
licher wird die daraus zu ziehende Belehrung sein, und
desto rascher lassen sich bisherige blosse Vermuthungen
entweder beseitigen oder als sichere Resultate bestätigen.
In der Vereinigung zahlreicher Originalien und Copien ist
nicht nur die Grundlage für zuverlässige und sich oft
ergänzende Beschreibungen geboten, sondern auch die
Möglichkeit, grössere Serien gleichartiger Münzen stilistisch und chronologisch gruppenweise zu gliedern; in
vielen Fällen lässt sich sogar, was bis jetzt mit gleicher
Genauigkeit höchst selten geschehen, die Gleichzeitigkeit
sehr verschiedenartig aussehender Münzen nachweisen, und
zwar einfach vermittelst Feststellung der Stempeliden-
tität der einen Prägseite der betreffenden Stücke. Beispiele dieser Art werden wir in der Folge besonders häufig
bei den Beschreibungen der Pegasosstater treffen: es sind

deren aber auch in manch' anderen Reihen griechischer
Münzen vorhanden. Um den Werth derartiger Beobachtungen in's gehörige Licht zu setzen, sei hier vorläufig
nur auf die e i n e Thatsache hingewiesen, — welche ich
in einer besonderen Arbeit ausführlicher zu besprechen
gedenke, — dass es nämlich unter den mit den Aufschriften ᗅᗰIᐁY, ᗅᐂIᗡᐯ, ƐƧƧƐP, ᐯᗰᗡƐƧᗰƐ
bezeichneten kampanischen Silbermünzen mit den Typen
des Stieres mit menschlichem Antlitz, oder des Bellerophon im Kampfe mit der Chimaera, Exemplare gibt,
deren Hauptseiten (mit dem Herakopfe) auf gemeinschaftliche identische Prägstempel zurückzuführen sind. Mit
einem Schlage verwandeln sich also Münzen, über die
schon unendlich viel nachgedacht, gemuthmasst und
geschrieben worden ist, und welche die mannigfaltigsten
Attributionen erfahren haben (Hyria - Nola, Frentaner,
Freternum, Fensernu, Censennia, Sensernia, Serennia,
Veseris etc.), in beinah' g l e i c h z e i t i g e P r ä g u n g e n
e i n u n d d e r s e l b e n Localität! Resultate von dieser
Bedeutung werden selbstverständlich stets zu den seltenen
Fällen gehören; aber auch weniger wichtige beanspruchen alle Beachtung, und scheinen mir durch systema-
tisches Sammeln und Ordnen dauerhafter und feiner
Copien unschwer erreichbar zu sein. Solche Copien,
welche, sobald man sich in r i c h t i g e r A r t u n d W e i s e
der hiefür p a s s e n d e n Stoffqualität bedienen will,
leicht und ohne jeglichen Schaden für das Original, ja
nicht einmal für dessen oberflächlichste Nüance, zu
erstellen sind, sollen zugleich dazu geeignet sein, durch
das Mittel phototypischer Vervielfältigung auch weiteren
Kreisen die absolute Richtigkeit neu aufgestellter Behaup-
tungen beweisen zu können, was durch die s c h ö n s t e n

Radirungen, — deren Werth ich nicht nur keineswegs unter-
schätze, sondern in mancher Beziehung höher stelle als
die meisten bisherigen Producte des Lichtdruckes, — aus
nahe liegenden Gründen einfach nie möglich sein wird.
Das Verständniss für diese Ansichten und die weitgehendste
praktische Förderung derselben fast überall getroffen zu
haben, freut mich, hier anerkennend hervorheben zu können.

I.

Die Münzen mit korinthischen Typen.

Die ihrem Ursprunge nach älteste und in unseren
Sammlungen am reichsten vertretene Gattung akarnanischer Münzen bilden die Silbermünzen mit den korinthischen Typen: Pallaskopf[1]) und Pegasos; den mit ♀
bezeichneten korinthischen Prägungen stehen sie in der
Zahl ihrer Varietäten nur wenig nach. Die bis in die
jüngste Zeit vorherrschenden irrigen Ansichten über die
örtliche Verbreitung der Silberstaterprägung
nach korinthischem Vorbilde veranlassen mich, hier ein-
leitend die bis jetzt bekannten Prägstätten solcher Münzen
zu verzeichnen:

---

[1]) Den behelmten Kopf vindicirte Fr. Lenormant (Revue
numismat. 1866, S. 73—77), — und ihm beipflichtend Ernst Curtius
(Hermes, X, S. 243, Anm. 1), — der akrokorinthischen Aphrodite, weil diese Pausanias als bewaffnet bezeichnet. Wie die
späteren Münzen Korinths aber übereinstimmend lehren, so bestand
die Bewaffnung der Burggöttin einzig in dem der Urania zukommenden Symbole des Schildes, in welchem sich Aphrodite zu spie-
geln scheint. — Wie jetzt, so ist gewiss auch im Alterthume der
behelmte Kopf der in Rede stehenden Münzen als derjenige der
Athene aufgefasst worden.

a) In Akarnanien:

Alyzia, mit **A**, **Ⱥ**, **ΑΛΥ**, **ΑΛΥΣΑΙΩΝ**.

Anaktorion, mit **F**, **Ʌ**, **Ʌ**, **A**, **AN**, **ANA**, **ANAKT**, **ΑΝΑΚΤΟΡΙΩΝ** und **ΑΝΑΚΤΟΡΙΕΩΝ**.

Argos - Amphilochikon, mit **A**, **AP**, **ΑΡΓΕΙ**, **ΑΡΓΕΙΩΝ**, **ΑΡΓΕΩΝ** und **ΑΡΓΙΩΝ**; sowie mit **AM**, **ΑΜΦ**, **ΑΜΦΙ**, **ΑΜΦΙΛ**, **ΑΜΦΙΛΟ** und **ΑΜΦΙΛΟΧΩΝ**.

Astakos, mit **ΑΣ**.

? Herakleia, mit **ⱧP**, nur auf Theilmünzen.

? Koronta, mit **K**.

Leukas, mit **Λ**, **Λ**, **ΛΕ**, **ΛΕΥ**, **ΛΕΥΚΑΔΙ** und **ΛΕΥΚΑΔΙΩΝ**.

Metropolis, mit **M** und **Ⱶ**.

? Palairos, mit **ⱤR** (**ΠΑΛΑΙΡ**), nur auf Theil- münzen.

? Phytia, mit **Φ**, nur auf Theilmünzen.

Thyrreion, mit **Θ**, **ΘΥ**, **ΘΥΡ** und **ΘΥΡΡ**.

Bundesmünzen, mit **Ⱥ**, in Leukas geprägt.

b) In Korkyra, mit **K**, **Ⱪ**, **Ⱪ** und **KOP**.

c) In Epeiros:

Ambrakia, mit **A**, **A**, **AM**, **ΑΜΓ**, **ΑΜΓΡΑ**, **ΑΜΓΡΑΚΙ**, **ΑΜΓΡΑΚΙΟΤΑΝ**, **ΑΜΓΡΑ-ΚΙΩΤΑΝ** und **ΑΜΒΡΑΚΙΩΤΑΝ**.

Bundesmünzen, mit **Æ** (**ΑΠΕΙ**) und **A** (wahr-scheinlich für Ambrakia).

d) In Illyrien:

Apollonia, mit **ΑΓΟΛ**.

Epidamnos, mit **Ⱶ**; und das gleichbedeutende [2])

Dyrrachion, mit **Δ**, **ΔΥΡ**, **ΔΥΡΑ**, **ΔΥΡΡΑΧΙΝΩΝ**.

---

[2]) Königl. Bibliothek in Turin; Lagoy, Mélanges de numisma-tique, 1845, S. 19, Taf. II, 3.

e) In Sicilien:

Eryx, mit ꓶ ꓯ ꓶ .[3])

Leontinoi, mit ΛΕΟΝΤΙΝΟΝ.

Syrakus, mit ΣΥΡΑΚΟΣΙΟΝ[4]) und ΣΥΡΑ
ΚΟΣΙΩΝ.

f) In Bruttia:

Lokroi Epizephyrioi, mit ꓮ, ΛΟ, ΛΟΚ und
ΛΟΚΡΩΝ.

Mesma, mit Μ und ME[5])

---

[3]) Die Aufschrift des bei Millingen (Ancient coins, Taf. II, 16) abgebildeten und jetzt in der Sammlung J. P. Six befindlichen Staters ist irrig gelesen und wiedergegeben worden. Die nämlichen Schriftzeichen kehren auf kleinen sicilischen Silbermünzen, mit weiblichem Kopfe und Stier, wieder. (Museum Palermo und m. S.) Im Archivo Storico Siciliano, Anno I°, ist von Salinas die Aufschrift für den phönizischen Namen der Stadt Eryx erklärt worden.

[4]) Meine Sammlung und J. P. Six; Leake, Num. Hell. p. 74, 1.

[5]) 1. Æ 23/21 Mm., Grm. 8·27. — Pallaskopf, linkshin.

℞ ME. Linkshin fliegender Pegasos.
Wien.

2. Æ 21 Mm., Grm. 8·63. — Pallaskopf, linkshin; darunter Μ und ein Punkt daneben.

℞ ME. Pegasos, linkshin; scheinbar identischen Stempels, wie Nr. 1.
Brit. Museum; — m. S. Grm. 8·57.

3. Æ 23 Mm., Grm. 8·55. — Pallaskopf, linkshin; darunter Μ und Punkt.

℞ Pegasos, linkshin, ohne Buchstab.
M. S. — J. P. Six, Grm. 8·68.

So wenig stilistische Aehnlichkeit diese Stater mit irgend einem der akarnanischen haben, so auffallend gross ist sie dagegen mit gewissen Pegasosstatern der epizephyrischen Lokrer, speciell mit denjenigen, welche in analoger Weise nur ein Monogramm, ꓮ

Rhegion, mit PH.[6])
Terina, mit TE.[7])

---

tragen, aber auch mit den ebenso rohen Stücken, welche mit der vollständigen Aufschrift ΛΟΚΡΩΝ und den Beizeichen des Blitzes und des Hermesstabes, oder auch ohne diese, versehen sind. An eine Zutheilung dieser Münzen nach Medeon in Akarnanien ist also nicht zu denken; es muss dafür ein Ort in Unter-Italien gesucht werden, und zwar vorzugsweise ein solcher auf lokrischem Gebiete, oder in dessen Nähe. Das Wenige, das wir von Medma's oder Mesma's ehemaligen Verhältnissen kennen, erscheint nun ganz dazu geeignet, die Initialen M und ΜΕ auf diesen Stadtnamen zu deuten, und diese Attribution darf um so zuversichtlicher vorgeschlagen werden, als zwei andere den Lokrern benachbarte Städte, Rhegion und Terina, ebenfalls vorübergehend solche Stater geprägt zu haben scheinen. Metapont kann hier wohl nicht in Frage kommen: seine Geschichte bietet keine Anhaltspunkte dafür.

6) AR 22 Mm., Grm. 8·30. — Pallaskopf linkshin; hinter demselben eine Lyra.

℞ PH unter dem linkshin fliegenden Pegasos.

M. S. — Brit. Museum, Grm. 8·43, mit andern Stempeln

Nicht weil ich zufällig während meines Aufenthaltes in Reggio diesen Stater dort erworben habe, schreibe ich ihn dem alten Rhegion zu, sondern weil dessen Gepräge unzweifelhaft italischen oder sicilischen Character trägt. — Fabrik und Stil sind denjenigen der schönen lokrischen Stater vollkommen ähnlich, — und weil das Monogramm PH sich am natürlichsten in ΡΗγιον auflöst, im Gegensatze zu den Zeichen HP und HP, welche in der Regel für den Namen Herakleia stehen. Das Beizeichen der Lyra spricht ebenfalls für die vorherrschend mit apollinischen Typen und Symbolen prägende Stadt Rhegion.

7) AR 22 Mm., Grm. 8·53. — Pallaskopf, rechtshin; hinter demselben TE.

℞ Rechtshin fliegender Pegasos in concavem Felde.

M. S.

Diese Münze, zusammen mit der vorstehenden mit PH bei einem Goldschmiede in Reggio gekauft, ist ihrer Fabrik nach eben-

Aus der vorstehenden Zusammenstellung [8]) geht in überzeugender Weise hervor, dass die Prägung der Pegasosstater, ausserhalb Korinth, einerseits in Sicilien und Bruttia, anderseits in Akarnanien, Epeiros und Illyrien localisirt war, das heisst ausschliesslich in Gegenden, welche sich unter korinthischem oder syrakusanischem Einflusse befanden oder meist befunden hatten.

Im Gegensatze also zu der Ansicht, welche kürzlich noch Ernst Curtius in seinen äusserst gehaltvollen „Studien zur Geschichte von Korinth" vertreten, [9]) haben mich meine Beobachtungen schon seit längerer Zeit [10]) zu

---

falls sicher bruttisch oder sicilisch. Mit gewissen Statern von Syrakus und der Lokrer theilt sie die Eigenthümlichkeit, dass die Seite mit dem Bilde des Pallaskopfes flach oder etwas gewölbt, diejenige mit der Darstellung des Pegasos leicht concav ist. — Die Zutheilung von Münzen mit korinthischen Typen nach Rhegion, Terina und Mesma ist neu; sie kann aber für dieses abgeschlossene Gebiet, zu welchem die Lokrer gehörten, kaum befremden. Eine viel seltsamere Erscheinung als diese, ist das Vorkommen von Pegasosmünzen mit punischer Schrift.

[8]) Die kleinen Silbermünzen, mit meist weiblichem Kopfe und dem Pegasos als Typen, sind dabei, bis auf wenige, unberücksichtigt geblieben, weil es bei der Mehrzahl derselben nicht angeht, die Monogramme und einzelnen Buchstaben auf Ortsnamen zu beziehen. Die Hauptmasse dieser Münzchen wird wohl Korinth zukommen. Leicester-Warren (Greek federal coinage, S. 47, 48) hat die von jenen Zeichen abgeleiteten Attributionen Cousinéry's bereits ins richtige Licht gesetzt.

[9]) Hermes, X, S. 240—243; cf. A. v. Sallet, Zeitschrift für Numismatik, III, S. 409, 410, und R. Weil in Bursian's Jahresbericht für Alterthumskunde, IV, dritte Abtheilung, S. 444, 445, welche Curtius beistimmen.

[10]) Cf. mein „Bocotien, Anaktorion, Argos, Lepsimandos" in Huber's Num. Zeitschrift III, 1871, S. 388—391 und 412, 418 (Sep.-Abdr. S. 70—73, 94 und 100).

dem Schlusse geführt und bis jetzt darin bestärkt, dass
nicht ein sicherer Anhaltspunkt vorliege, der dazu be-
rechtige, die von mir Anaktorion zugewiesenen Münzen
mit dem Digamma neuerdings auf die Landschaft Elis,
einen Theil der amphilochischen auf das peloponnesi-
sche Argos, und gewisse Stater von Leukas und der
epizephyrischen Lokrer auf die ozolischen Lokrer
zu übertragen. Elis und Argos, deren Münzsystem stets
das aeginaeische gewesen, scheinen nie in die Lage
gekommen zu sein, nach korinthischem Vorbilde zu
prägen, und eine eingehendere Prüfung der ihnen zugewiesenen Münzen dieser Gattung wird zudem klar
beweisen, dass sie den beiden Städten gar nicht angehören können. Die Ozoler aber scheinen überhaupt
gar keine Münzen mit der Bezeichnung ihres Namens ausgegeben zu haben, und es ist geradezu unbegreiflich, mit
welcher Zähigkeit jetzt noch, und oft von competen-
tester Seite, an der veralteten, einst von Cousinéry und
Leake befürworteten Ansicht festgehalten wird: die mit
der Aufschrift ΛΟΚΡΩΝ bezeichneten Stater seien in
zwei Gruppen zu theilen, von denen die eine, mit dem
Beizeichen des Blitzes, den epizephyrischen, die zweite, mit
anderen Symbolen oder auch ohne solche, den ozolischen
Lokrern zuzutheilen wäre. Man liebt es, sich hiefür auf
den verschiedenen Charakter der Fabrik dieser Stater
zu stützen, welcher diese letzteren indessen nicht nur in
zwei, sondern factisch sogar in drei deutliche Gruppen
scheidet. Aus dieser Thatsache lässt sich aber keineswegs
das Recht ableiten, die in Rede stehenden Prägungen
geographisch zu trennen, um so weniger, als es geschicht-
lich beinahe unzulässig ist, den Ozolern welche zuzuschreiben, und der Stil derjenigen Serie, die von Italien

abgelöst werden soll, sich mit dem in Hellas auf ähnlichen
Münzen zu Tage tretenden nicht entfernt in Uebereinstimmung befindet. Gerade mit den fast für alle Gepräge
der epizephyrischen Lokrer charakteristischen Symbolen
des Blitzes und des Hermesstabes gibt es lokrische
Pegasosmünzen sowohl von feiner als von plumper
Arbeit; und prüft man die mit den städtischen Typen
der Epizephyrier geprägten Münzen, so wird man zur
Wahrnehmung ähnlicher technischer Verschiedenheiten
geführt werden. Wie verschiedenartig aber in verhältnissmässig kurzen Zeiträumen an ein und demselben Orte Münz-
stempel geschnitten wurden, davon zeugen, um nur eines
Beispiels zu erwähnen, die Tetradrachmen des Agathokles: würden sie nicht alle den Namen des Tyrannen
tragen, Niemand hielte wohl die reizenden Koraköpfchen
und die herrlichen Nikefiguren der einen Stücke gleichzeitig und gleichen Ursprungs wie die nämlichen Typen
in roher und rohester Ausführung der anderen. Da die
letzteren aber ohne Vergleich zahlreicher sind als jene, so
ist kaum anzunehmen, dass sie in ihrer Gesammtheit
ausserhalb von Syrakus, — etwa während der Feldzüge
des Agathokles, — geprägt worden seien. Aehnliche
Beobachtungen sind in anderen Münzreihen von Syrakus,
bei den Pegasosstatern von Anaktorion (Nr. 38—46)
u. s. w. zu machen, und überhaupt auf allen Ge-
bieten der alten und neuen Kunst, des alten und neuen
Handwerks. Schliesslich nur noch die Bemerkung, dass
die ältesten lokrischen Didrachmen mit korinthischen Typen nur bis in die letzten Decennien des
IV. Jahrhunderts v. Chr. hinaufzureichen scheinen.

Durchgeht man die verschiedenen Serien der Pegasosmünzen, so findet man darunter nur wenige, deren

Prägung vor die Zeit des peloponnesischen Krieges
zurückzuführen ist; denn archaische Gepräge zeigen,
ausser der Mutterstadt Korinth selbst, einzig die Städte
Anaktorion, Leukas und Ambrakia. Diesen
schliessen sich Epidamnos, Argos Amphilochikon und
Alyzia mit wenigen Stücken an, die vor Ablauf des
V. Jahrhunderts v. Chr. geschlagen worden sein können.
Alle übrigen, bis jetzt bekannten Staterprägungen sind in
die beiden folgenden Jahrhunderte zu versetzen. [11])

Speciell auf das hervorragendste Gebiet korinthischer
Prägung, auf Akarnanien bezogen, führen diese
kurzen Betrachtungen zu dem, wie mir scheint, unanfecht-
baren Schlusse, dass von allen Städten der Achelooslandschaft Anaktorion und Leukas die einzigen korinthischen Kolonien gewesen sind, welche eine Zeitlang im
Bunde mit der Mutterstadt gemünzt hatten. Im vorletzten
Decennium des V. Jahrhunderts v. Chr. hatten sich, Leukas ausgenommen, bereits sämmtliche Städte des
Festlandes dem akarnanischen Bunde angeschlossen, und
von diesem Zeitpunkte an scheint Korinth nie mehr dazu
gelangt zu sein, dieselben neu zu kolonisiren

Durch die frühzeitigen reichlichen Prägungen der
beiden genannten Städte und der benachbarten Ambra-
kioten, hatte indessen das korinthische Münzsystem in
Akarnanien festen Fuss gefasst. Die fortdauernd mächtigen
Handelsinteressen bedingten dessen unveränderte Bei-
behaltung, besonders im Verkehre mit den unteritalischen
Küstenplätzen und Sicilien, wo bekanntlich massenhafte
Funde akarnanischer Pegasosstater zu Tage getreten

---

[11]) Vgl. Head's Coins of Syracuse, Taf. VI, VIII und IX.

sind und noch zum Vorschein kommen. Nichts war daher
natürlicher, als dass die übrigen emporstrebenden und in
ihrem Aufblühen zu prägen beginnenden akarnanischen
Städte sich der nämlichen Währung anschlossen und sich
der überall bekannten und in Ansehen stehenden Typen
bedienten. Die Prägungen nach korinthischem Vorbilde
sind demnach in Akarnanien, vom Beginne der politischen
Selbstständigkeit des Landes an, nicht nur noch lange
Zeit, — bis etwa in die Mitte des III. Jahrhunderts v. Chr.,
— auf dem ehemaligen korinthischen Kolonialgebiete
fortgesetzt worden, sondern sie haben sich nach und nach,
ohne irgend welchen directen korinthischen Einfluss,
über dasselbe hinaus erstreckt. So stellen sie sich für die
akarnanischen Städte, von denen sie ausgingen, als akarnanisches Vereinsgeld dar, und behalten zugleich
nach aussen, wie die korinthischen, illyrischen und
übrigen Pegasosstater, den früheren Charakter einer
Handelsmünze bei. Wiederum sind es Leukas und
Anaktorion, welche am reichlichsten zu deren Verbreitung beitrugen, auf gleichem Fusse etwa wie das nahe
Ambrakia. Von Argos, Alyzia und Thyrreion
sind kleinere Reihen bekannt, von Astakos, Metropolis und Koronta(?) bis jetzt nur einzelne Statere.
Herakleia, Phytia und Palairos weisen Theilmünzen
mit dem Pegasosbilde auf, insofern die betreffenden
Bestimmungen als sicher zu betrachten sind. Stratos,
die damalige Bundeshauptstadt und die Oiniaden,
welche so oft eine eigenthümliche Stellung zum Bunde
eingenommen, scheinen sich in keiner Weise bei diesen
Prägungen betheiligt zu haben; ebenso wenig Medeon,
Limnaia und Echinos. Von Sollion endlich, einer
korinthischen Gründung, welche schon 431 v. Chr. anf-

gehört hatte, ein selbstständiges Gemeinwesen zu bilden, sind überhaupt keine Münzen zu erwarten.

Ueber die einzelnen Serien der akarnanischen Pegasos-münzen werden später, bei der Beschreibung der Städte-münzen, noch einige Bemerkungen folgen. Diese, und die jeder Stadt beigegebene Uebersicht chronologisch geordneter Citate, — so viele, oder besser, so wenige sich davon aus den noch erhaltenen Ueberlieferungen anführen liessen, — sollen vorzugsweise dazu beitragen, die so eben ausgesprochenen Ansichten über den Charak-ter der Pegasosstater zu rechtfertigen und ohne weitern Commentar die vorgeschlagene Reihenfolge städtischer Münzgruppen zu begründen.

II.

Die Münzen des akarnanischen Bundes.

Ausser den Vereinsmünzen, als welche der grösste Theil der Prägungen mit korinthischen Typen aufzufassen ist, treten aus dem akarnanischen Münzwesen noch vier verschiedene Gruppen von Gaumünzen hervor, von denen die älteste, in Stratos geprägte, bisher ganz unbekannt war und vorläufig nur durch ein Stück, dessen Zutheilung ausser Zweifel steht, vertreten ist. Wenig Beachtung ist bis jetzt auch der zweiten und dritten Gruppe, denen wahrscheinlich Leukas und Stratos als Prägorte gedient haben, zu Theil geworden, während man sich schon etwas eingehender mit der vierten und letzten be-schäftigt hat, für deren Prägstätte gewöhnlich Thyr-reion gilt.

1. Æ 13 Mm. Grm. 1·87 (abgegriffen). — Bärtiger Kopf
   eines Flussgottes mit Hörnern und Ohren eines
   Stieres, von vorn, etwas linkshin geneigt.

   R. A—K zu beiden Seiten eines weiblichen Kopfes mit
   Perlendiadem von vorn, etwas linkshin geneigt.
   Leicht vertieftes Feld mit abgerundeten Ecken.
   Britisches Museum, unter den „Unbestimmten.“

Dieser Münze ist vielleicht die folgende anzureihen,
auf welcher als Aufschrift nur ein Personenname, wahrscheinlich derjenige eines Bundesstrategen, erscheint:

2. Æ 13 Mm., Grm. 1·97 (etwas vernutzt). — Derselbe
   Kopf von vorn.

   R. Weiblicher Kopf von vorn, mit Ohrgehäng und
   Halsband, an dessen Schluss ein Kleinod herab-
   hängt. Links daneben ⟩ Z
   ⟨ rechts ⊂ (᾽Αγήμων).
   Ⲓ Ⲋ

M. S. — Links neben dem Kopfe des Flussgottes scheinen ein paar Buchstaben hervorzu-
treten, die man ΜΩ·· zu lesen und etwa auf
ΜΩΙΤ·ΑϷΤΣ zu ergänzen versucht wäre. Vermuthlich sind es aber nur Striche, welche herab-
schlängelndes Haupt- und Barthaar darstellen,
oder die Doppelcontouren einer Verprägung.

Abgesehen von ihrem etwas jüngern Charakter und von ihren Aufschriften, befinden sich die beiden vorstehenden Münzen in sonst vollständiger Uebereinstimmung [12]) mit den städtischen Geprägen von Stratos (S. 158). Man wird daher der Annahme — zu welcher die Buchstaben A — K auf Nr. 1 führen — es seien die zwei, oder mindestens das erste der beiden Stücke in der alten Bundeshauptstadt der Akarnanen als Gaumünzen geprägt worden, Folgerichtigkeit und Berechtigung nicht versagen können. In diesem Falle lassen sich auch die beiden Kopftypen ohne weitere Begründung auf den Flussgott Acheloos und dessen Tochter Kallirhoë (ΚΑΛΛΙΡΟΑ) beziehen. Der Name ΑΓΗΜΩΝ, welchen die viel jüngeren leukadischen Didrachmen mit der Schiffsprora ebenfalls tragen, findet sich auch, in ΑΓΗ abgekürzt, auf einer der Oiniadai zugetheilten Silbermünzen mit dem grossen Digamma vor [13]).

Bei der folgenden Besprechung dieser letzteren Münzen wird die sich mir stets von neuem aufdrängende Frage erörtert werden, ob nämlich das Digamma derselben nicht ebensogut für Ϝακαρνᾶνες als für Ϝοινία stehen könnte, und diese Prägungen demnach nicht etwa als Bundesgeld der Akarnanen, und zwar in Stratos gemünztes, aufzufassen wären. Liesse sich dies früher oder später einmal sicher behaupten, so wäre hier der Ort, die mit Ϝ und Τ bezeichneten Silbermünzen einzureihen.

Es folgt nun eine Reihe Bronzemünzen mit dem Achelooskopfe und den Monogrammen 𝔸 und 𝔸 bezeichnet, ähnlich der zum Theil gleichtypigen Gruppe mit der Auf-

---

[12]) Ihre Gewichte haben von der ursprünglichen Höhe, die etwa Gr. 2·30 oder mehr betragen mochte, durch Abnützung ziemlich eingebüsst.

[13]) Revue numismatique 1859, Taf. I, 19 d.

schrift **OINIAΔAN**. Das ungemein häufige Vorkommen der Münzen beider Serien und die grosse Verbreitung, welche sie, wie Funde vielfach bezeugen, auch ausserhalb Akarnaniens, in Italien und besonders in Apulien [14]) gefunden haben, deuten auf eine ziemlich anhaltende und reichliche Prägung dieses Kupfergeldes hin. In Fabrik und Stil einander ähnlich, müssen sie entweder alle aus Oiniadai stammen, oder aber die einen aus dieser Stadt, deren Namen sie tragen, und die anderen mit der alleinigen Bezeichnung des akarnanischen Monogrammes, aus Stratos. Da Stratos abwechselnd autonom und für den Bund geprägt zu haben scheint, seine Kupfermünzen aber zu den seltensten Erscheinungen gehören, so liegt die Vermuthung nahe, dass seine Hauptkupferprägung in Bundesmünzen bestand, und wir als solche die Gruppe mit den Monogrammen ⚹ und ⚹ anzusehen haben. Es ist dies um so wahrscheinlicher, als ein Theil dieser Bronzemünzen, vorab diejenigen mit dem Herakleskopfe, ihrem Stile nach in die Zeit Kassander's fallen, Oiniadai aber schon vor Alexander des Grossen Tod (323 v. Chr.) in ätolischen Besitz übergegangen war, in welchem es, mit einer kurzen Unterbrechung von 219 bis 211, bis zum Jahre 189 v. Chr. verblieb.

Von den bekannten Münzen dieser Serie etwas abweichend sind die folgenden:

3. Æ 21 Mm. Grm. 6·45. — Lorbeerbekränzter Zeuskopf rechtshin; darunter **API**; hinter demselben ein Adler rechtshin.

℞ Bärtiger Achelooskopf rechtshin; darüber ein Dreizaek; hinten ⚹.

---

[14]) Friedlaender, in der Zeitschrift für Numismatik, IV S. 333.

M. S. — Cf. Mionnet, Suppl. III, 471, 124, nach
einer ungenauen Beschreibung Sestini's. — Aehnliche Münzen der Oiniaden zeigen ΠΡΙ unter dem
Zenskopfe.

4. Æ. 16 Mm., Grm. 3·20. — Weiblicher Kopf rechtshin.

B̷ Æ hinter, und ein Dreizack über dem bärtigen
Achelooshaupte rechtshin.

M. S. — Der Kopftypus der Hauptseite, sowie
das Stück als Hälfte der übrigen Münzen dieser
Serie ist neu. Mit den gleichen Typen gibt es
indessen Bronzemünzen, welche die Aufschrift
ΣΤΡΑΤΙΩΝ vor dem Achelooskopfe zeigen (cf.
Stratos Nr. 9).

5. Æ. 22 Mm., Grm. 5·90. — Bartloser Kopf des Herakles,
mit dem Löwenfell bedeckt, rechtshin, darunter Æ.

B̷ Typus, Symbol und Monogramm wie auf Nr. 4.
M. S. — Cf. Museum Hunter, Taf. XL, 17.

Im Gegensatze zu diesen bloss mit Monogrammen bezeichneten Münzen, deren Hauptseiten mit den Köpfen des
Zeus, des Herakles, der Pallas [15]) und einer andern
weiblichen Gottheit geprägt sind, zeigen diejenigen
mit der Aufschrift ΟΙΝΙΑΔΑΝ nur den Zeuskopf [16]).

---

[15]) Dass der behelmte Kopf weiblich ist, beweist das Halsband.
Den Münzen mit diesem Typus fehlt, so viel mir bekannt, jedes epi-
graphische Zeichen.

[16]) Sestini hat zwar im Museum Fontana II., Taf. X, 12, eine
angebliche Münze von Oiniadai mit dem Herakleskopfe publicirt. Da
mir eine solche aber nie vorgekommen, so ist wohl anzunehmen,
dass er in seiner bekannten Weise an die vielleicht beschädigte
Stelle des Monogramms willkürlich die ihm passend erscheinende
Aufschrift gesetzt hat.

An der Grenze ungefähr des IV. und III. Jahrhunderts
v. Chr., vielleicht auch etwas später, ging Stratos für
die Akarnanen verloren. Ihrer Lage und ihrer Wichtigkeit
wegen war die Stadt schon seit geraumer Zeit den unauf-
hörlichen Angriffen der räuberischen Aetoler ausgesetzt
gewesen, wobei sie nothwendigerweise nach und nach an
Macht und Ansehen bedeutende Einbusse erleiden musste.
Im Jahre 314 v. Chr. wurde zwar Stratos durch König
Kassander neuerdings gestärkt; allein ihren Widerstand
scheinen nicht sehr lange nachher die Aetoler dennoch und
für immer gebrochen zu haben. Bei diesen Verhältnissen
ist wohl vorauszusetzen, dass die Akarnanen schon einige
Zeit vor dem schliesslichen Falle ihrer Hauptstadt den
Bundessitz in eine sicherere Gegend, mehr nach Westen
hin, verlegt hatten; und gewisse Münzen, deren Beschreibung hier folgt, deuten in der That darauf hin, dass ungefähr um jene Zeit Leukas diese Stelle eingenommen und
in der Folge beibehalten hatte.

6. Æ 22 Mm., Grm. 8·40. — Pallaskopf linkshin; hinter dem-
       selben eine Weintraube mit Zweig und zwei
       Blättern.

   ℞ Λ unter dem linkshin fliegenden Pegasos.

      M. S. — Rs. abgebildet Taf. II, Nr. 1. —
      Ein zweites Exemplar meiner Sammlung wiegt
      Gr. 8·35, ein drittes der Sammlung J. P. Six,
      Gr. 7·92; alle sind verschiedenen Stempeln ent-
      sprungen. — Cf. Cousinéry, Essai, S. 131, Taf. II, 9,
      und Mionnet, Suppl. III, 454. 6, wo der Stater
      richtig den Akarnanen zugeschrieben ist, während
      ihn Millingen, Ancient Coins, S. 53, Taf. IV, 1,
      und ihm nach Sestini, Mus. Hedervar. Taf. II, 1,
      irrigerweise Aktion zutheilten.

Dieses Stück gehört zu den jüngsten akarnanischen
Prägungen korinthischen Systems und scheint, seinem sowohl auf leukadischen Pegasosstatern als auf leukadischen Kupfermünzen häufig vorkommenden Symbole der
Weintraube nach zu schliessen, aus Leukas zu stammen,
von welcher Prägstätte hier noch die folgenden Bronzemünzen zu notiren sind:

7. Æ. 16 Mm., Grm. 4·25. — Bärtiges Achelooshaupt linkshin; hinter demselben, А·. Perlkreis.

   ℞ Dreizack zwischen einem Delphin und dem
   Monogramme Λ.

   M. S., ähnlich den Nr. 733 u. 734 der Tafel III
   in Postolakka's Inselmünzen [17]). Mein Exemplar
   ist auf eine Münze Philipps überprägt, welche
   auf einer Seite den bartlosen Herakleskopf rechtshin, auf der andern die Aufschrift ΦΙΛΙΓΓΟΥ
   über einem rechtshin springenden Pferde zeigt [18]).

8. Æ. 19. Mm. — Derselbe Kopf rechtshin; hinter demselben А·.

   ℞ Gleich dem vorigen.

   Athen, Postolakka a. a. O. Nr. 731, überprägt
   auf eine Münze Alexanders des Grossen, von
   deren Aufschrift noch (ΑΛ)ΕΞΑΝ(ΔΡΟΥ) zu
   entziffern ist.

9. Æ. 19 Mm., Grm. 4·50. — Linkshin schreitende Chimära.
   Perlkreis.

---

[17]) Κατάλογος τῶν ἀρχαίων νομισμάτων τῶν νήσων Κερκύρας,
Λευκάδος, Ἰθάκης, etc. Athen 1868.

[18]) Auf diese und die folgenden Ueberprägungen habe ich
bereits in A. von Sallet's Zeitschr. für Numismatik, V, S. 146, Nr. 7
bis 9, aufmerksam gemacht.

℞ ♠ hinter dem bärtigen Achelooskopfe rechtshin. Perlkreis.

M. S., überprägt auf eine Münze Philipp's II., von deren Rückseite noch die Aufschrift ΦΙΛΙΓΓΟΥ, der Hintertheil des rechtshin springenden Pferdes (mit Reiter) und das Beizeichen, eine Lanzen-spitze, zu erkennen sind.

10   9

10. Æ. 20 Mm., Grm. 5.60. — Linkshin schreitende Chimära; darunter undeutlich ein Symbol oder ein Monogramm.

℞ ♠ hinter dem Acheloeshaupte linkshin; Perlkreis. M. S. — Cf. Sestini, Mus. Fontana II, Taf. IV, 9, angeblich mit einer Lyra unter der Chimära; ferner a. a. O. II, S. 24, 3, und III, S. 29. 3; Mionnet, Suppl. III, 454, 7, vielleicht mit ♠ unter der Chimära.

Mit dem Silberstater haben die Kupfermünzen die Form des Monogrammes ♠ gemein, welche sich von der in Stratos und Oiniadai üblichen, durch eine Verein-fachung, die Weglassung des Rho, unterscheidet [19]). Das

---

[19]) Das Monogramm ♠ findet man auch auf einer der spätesten Didrachmen von Leukas (Nr. 52). Da es aber die Stelle einnimmt, wo auf anderen Exemplaren abwechselnd verschiedene Monogramme vorkommen, so steht es gewiss für einen Personennamen, und nicht, wie Leicester Warren (Greek federal coinage S. 15) und Ernst Curtius (Hermes X, S. 243) betonten, für den Namen der Landschaft.

Hanpt des Flussgottes ist der bekannte Typus der Achelooslandschaft; die übrigen Bilder und Symbole sind diejenigen der Stadt Leukas anf deren Namen sich wohl
anch das Monogramm ⋏ der Nr. 7 bezieht.

Entweder ist diese Kupferprägung als Bundesmünze der Akarnanen und Leukadier — als Leukas
noch nicht Glied des Bundes, sondern mit dem akarnanischen
Staate blos verbündet war — aufzufassen, oder aber als in
Leukas geprägte akarnanische Gaumünze. Das
letztere wird wohl das richtigere sein, wiewohl auch die
andere Erklärung, besonders durch die Stücke mit beiden
Monogrammen, Anspruch auf Wahrscheinlichkeit machen
kann.

Zn welcher Zeit Leukas Vorort des akarnanischen Bundes geworden, ist aus den literarischen Ueberlieferungen mit Sicherheit nicht zu erfahren. Gewiss hat
aber dieses Ereigniss nicht so spät stattgefunden, wie man
gewöhnlich anzunehmen pflegt. Vom Jahre 314 bis 197
v. Chr. ist von Leukas' Geschichte nichts bekannt [20]). Wenn
aber Livius der Erste ist, welcher wiederum von Leukas
spricht, und sie als Hauptstadt Akarnaniens bezeichnet,
so ist daraus keineswegs zu folgern, dass sie dies erst
nm's Jahr 200 v. Chr. geworden war. Die Lage der Akarnanen am Schlusse des IV. Jahrhunderts v. Chr. und die
Münzen lassen hiefür auf eine viel frühere Zeit schliessen.
Der Verlust der alten Hauptstadt Stratos an die Aetoler
bedingte, wie dies schon oben erörtert worden, einen
Wechsel des Vorortes, nnd dieser konnte wohl nicht
sehr lange nach Kassander's Eingriff in die akarnanischen
Verhältnisse, im Jahre 314 v. Chr., erfolgt sein.

---

[20]) Diodor, XIX, 67, und Livius, XXXIII, 17.

Damals war aber Leukas bereits schon gezwungen
worden, aus seiner Sonderstellung herauszutreten und
sich in ein gegen die aufstrebende Macht der Aetoler ge-
richtetes Bündniss mit den Akarnanen einzulassen. Aus
diesem Verhältnisse eines Alliirten musste sich durch die
gemeinsamen Interessen bald ein innigerer Verband der
Inselstadt mit dem Festlande gestaltet haben, und so
scheint nichts natürlicher, als dass schon vor oder mit dem
zeitlich nicht näher zu präcisirenden Falle von Stratos
dem mächtigen und günstig gelegenen Leukas der Vorsitz
des Bundes übertragen worden war.

Für eine derartige Annahme scheint auch ein Theil
des numismatischen Materials zu sprechen.

Es gibt eine ziemlich reiche Serie hübscher lenkadi-
scher Bronzemünzen mit den korinthischen Typen des Bellerophon und der Chimära, [21] welche neben verschiedenen
Symbolen die Namen der Stadt und von Magistraten bald
vollständig, bald in abgekürzter Form geben [22]), und deren
Prägung vermuthlich über Alexander hinabreicht. Ihnen
scheinen gleichzeitig zu sein die seltenen Hemistater,
welche die gleichen Bilder der Bellerophonsage zu Typen
haben, [23]) und eine Anzahl der Pegasosstater mit theils
identischen Symbolen, wie: Auge, Blume, Weinstock, Amphora, Kyathos u. s. w.

Auf diese Gruppe scheinen nun chronologisch die
leukadischen Gepräge mit dem Monogramme ⋀, dann

---

[21] Postolakka, a. a. O. Nr. 690—718, und hier, unter Leukas,
Nr. 46.

[22]) ΛΕΥ, ΛΕΥΚΑ, ΛΕΥΚΑΔΙ; — ΑΘΑ, ΕΥΑΡ, ΦΙΛ,
ΦΙΛοΞΕΝΟΣ ΦΟΡΜΙΩΝ.

[23]) Postolakka, a. a. O. Nr. 639, und hier, unter Leukas, Nr. 45.

diejenigen mit ⋀ und ⋀ und schliesslich die mit ⋀ allein
bezeichneten gefolgt zu sein. Die beiden letzten Gattungen
bestehen aber grösstentheils, wie man aus deren Beschreibungen (Nr. 7 bis 10) ersieht, aus Umprägungen make-
donischer Königsmünzen Philipps und Alexanders, welch' letztere einst massenhaft in Leukas eingeführt worden sein müssen: eine Erscheinung, deren Erklärung sich wohl am leichtesten auf die schon berührten Ereignisse des Jahres 314 v. Chr. zurückführen lässt. Kassander, [24] nachdem er die Akarnanen für sein Interesse ge-
wonnen, kam damals mit seiner Armee nach Leukas
und nahm auch diese Stadt in sein Bündniss auf. Von diesem
Besuche her, der vorwiegend friedlicher Natur gewesen zu
sein scheint, mochte nun in Leukas viel makedonisches Geld
zurückgeblieben sein, welches dann nach und nach wieder
in Landesmünze umgewandelt wurde. Es wäre demnach die
Prägung der mit ⋀ bezeichneten Kupfermünzen in die auf
das Jahr 314 v. Chr. folgenden Decennien zu verlegen,
womit wiederum die Annahme übereinstimmte, dass Stratos
um diese Zeit ätolisch geworden.

Ehe wir zu den spätesten Prägungen des akarnanischen Bundes übergehen, sei hier noch einer bisher ganz
unbeachteten Reihe akarnanischer Silbermünzen gedacht. Sie zeigen die gewohnten korinthischen Typen,
hinter dem Pallaskopfe das constante Beizeichen des
bartlosen Acheloۥoskopfes, und im Felde verschiedene einzelne Buchstaben. Ihr Stil ist hart und
verflacht, nicht unähnlich demjenigen des Staters Nr. 6;
besonders in der Zeichnung des Pegasos, dessen Körper-

---

[24] Ueberprägungen auf Münzen Philipp's zeigen auch diejenigen
Kassander's, wie Friedlaender in den Berliner Blättern II, 1863,
S. 172, berichtet.

form sehr gedrungen ist, herrscht völlige Uebereinstimmung.
Dagegen ist der ersteren Gewicht ein ganz ungewöhn-
liches, indem es genau nur ⁹/₁₀ des korinthischen Staters
beträgt. Bis jetzt sind mir acht Varietäten dieser Münzen
vorgekommen.

11. Æ 20 Mm., Grm. 6·70. — Pallaskopf linkshin; hinter
    demselben das bartlose Achelooshaupt linkshin,
    vorn, **A**.
    ℞ Linkshin fliegender Pegasos; darunter, **N**.
        Museum Berlin, aus der Prokesch'schen Samm-
    lung.

12. Æ 20 Mm., Grm. 6·87. — Gleich mit **B** unter dem Hals-
    abschnitte, und **N** unter dem Pegasos.
        Brit. Museum; abgebildet Taf. II, Nr. 2.

13. Æ 20 Mm. — Gleich mit **E** und **N**.
        Neumann, Pop. und reg. num. vet. I, Taf. VI,
    Nr. 6, wo **A** irrig für **N** angegeben ist.

14. Æ 20 Mm., Grm. 6·86. — Gleich mit **N** und **E**.
        Brit. Museum.

15. Æ 26 Mm., Grm. 6·74. — Gleich mit **E** unter dem Kinn
    des Pallaskopfes, und ohne Buchstab auf der
    Rückseite.
        Sammlung des Schottenstiftes in Wien.

16. Æ 20 Mm., Grm. 6·80. — Gleich mit **H** auf der Haupt-
    seite.
        M. S. — J. P. Six; — Bibliothek Athen, Nr. 2090;
    alle drei gleichen Gewichts.

17. Æ 20 Mm., Grm. 6·83. — Pallaskopf und Achelooshaupt
    rechtshin; unter dem Kinn des erstern **B**.

l⊦ Rechtshin fliegender Pegasos; darunter Ⲅ.
Paris.

18. Æ 20 Mm., Grm. 6·77. — Gleich Nr. 17, mit Δ und Ⲅ.
M. S. Abgebildet Taf. II, Nr. 3. — Brit.
Museum, Grm. 6·86 aus identischen Stempeln.

Diese Münzen sind offenbar während eines kleinern
Zeitraumes ein und demselben Atelier entsprungen.
Das unveränderlich gleiche Beizeichen des Achelooskopfes,
der hier zum ersten Male bartlos erscheint, weist sie Akarnanien, die bereits hervorgehobene Stilverwandtschaft der
Stadt Leukas als Prägort zu. Die Buchstaben A, B, Δ, E,
H, N und Ⲅ könnten Zahlzeichen für 1, 2, 4, 5, 8, 50 oder
14, und 80 oder 17 darstellen, deren Bedeutung mir bis jetzt
allerdings unklar geblieben ist. Das Gewicht von durch-
schnittlich Grm. 6·80 entspricht genau demjenigen der 8 Li-
trastücke, welche im III. Jahrhundert v. Chr. mit ebenfalls korinthischen Typen (nebst Triquetra, Stern, Eule und
Blitz als Beizeichen) in Syrakus und vielleicht theilweise
von den epizephyrischen Lokrern geprägt worden sind [25]).

---

[25]) Cf. Head, Coinage of Syracuse, Taf. IX, 11 und 12. — In
Postolokka's Katalog, Taf. II, 638, erscheint mit den Initialen von
Leukas und mit dem ausnahmsweise von einem Kranze umgebenen
Pallaskopfe ein Pegasosstater, dessen Gewicht mit Gr. 6·77 angegeben
ist. Ein ähnliches Exemplar der Berliner Sammlung wiegt dagegen
Grm. 8·23, so dass das Gewicht des andern Stückes nicht massgebend
zu sein scheint, und vielleicht aus Beschädigung und Abnützung zu
erklären ist. — Zu beachten sind ferner die Gewichte von Gr. 6.48
und deren Hälften, welche bei der jüngsten Gaumünzenprägung
Nr. 33 — 35 vorkommen, und zwei und ein Drittel des grossen
Stückes zu Grm. 10·25 darzustellen scheinen. Zu diesem letztern
Gewichte verhalten sich die Grm. 6·80 der Pegasosmünzen genau
wie zwei Drittel. — Cf. Anm. 42.

Wie die Akarnanen dazu gelangt waren, vorübergehend eine Reduction des Staterfusses eintreten zu lassen, diese Frage wird wohl noch einige Zeit einer bestimmten Auskunft harren; indessen ist es nicht unwahrscheinlich, dass der Verkehr mit Sicilien zu Hiero's II. Zeit dazu die Veranlassung gegeben, und dass diese jüngsten akarnanischen Pegasosmünzen den Uebergang zu dem neuen Münzsysteme bilden, welchem die Gaumünzen mit den akarnanischen Localtypen gefolgt sind. Diese Münzen, welche vorherrschend den ebenfalls bartlosen Acheloëskopf zeigen, fasse ich in das nachstehende Verzeichniss zusammen:

A. Goldmünzen.

19. — Bartloser Kopf des Acheloos [26]) rechtshin; hinter demselben ⋈.

℞ **AKAPNANΩN**. Apollon, nackt, linkshin auf einem Throne sitzend, den linken Arm auf die niedere Rückehne des Sitzes stützend, und in der vorgestreckten rechten Hand den Bogen haltend. Im Abschnitte **I**.

Grm. 4·25. — Mus. Hunter, Taf. I, 18, = Mionnet II, 78, 1.

Grm. 4·25 — Brit. Museum = Leake, Num. Hell. Eur. Greece, S. 2.

---

[26]) Der Kopf des Flussgottes ist nie, wie es oft in den Beschreibungen dieser Münzen heisst, geflügelt; das vermeintliche Attribut ist nichts anderes als das oft etwas flügelförmig gebildete Stierohr.

Mionnet führt in seinem Supplement III, S 453, Nr. 1 und 2 noch zwei Varietäten dieses Hemistaters an, über deren Echtheit er indessen mit Recht in Zweifel gewesen zu sein scheint. Die eine ist aus Eckhel eitirt, der dafür auf das Hunter'sche Museum verweist, wo aber einzig das oben beschriebene Goldstück in einem Exemplar vorhanden ist. Die andere geht auf Gessner, und von diesem auf Goltzius zurück und ist nirgends in einem Originale nachweisbar. Unter den modernen Fälschungen dieser Goldmünze gibt es eine, auf welcher das Monogramm ⨀ vor dem Acheloöshaupte, und Ξ vor dem rechts sitzenden Apollon angebracht sind; ein Exemplar derselben aus der ehemaligen Sammlung Wellenheim wiegt Gr. 4·61.

B. Silbermünzen.

α) mit dem bartlosen Acheloöskopfe rechtshin, und dem linkshin sitzenden Apollon, genau wie die Typen der Goldmünze.

20. — ΛΥΚΟΥΡΓΟΣ. ℞ ΑΚΑΡΝΑΝΩΝ.

Grm. 10·10. —⎫
 „   10·05. —⎪ Brit. Museum: abgebildet
 „   5·05. —⎬   Taf. I, Nr. 1.
 „   4·85. — M. S.⎭

21. — Die nämlichen Aufschriften; Ꝛ vor Apollon.

Grm. 9·96. — Leake a. a. O. S. 2.
 „   9·92. — Cat. Th. Thomas Nr. 1388 abgebildet in Smith's Dict. of ancient Geography, I, S. 10.
 „   5·03. — Brit. Museum.
 „   4·67. — Mionnet. II, 79, 4.

22. — Die nämlichen Aufschriften; Ꝛ vor Apollon; Perlkreis auf der Hauptseite.

Grm. 10·25. — Brit. Museum: abgebildet
Taf. I, Nr. 2.

23. — Die nämlichen Aufschriften; Ð vor Apollon.

Grm. 10·06. — M. S.; abgebildet Taf. I, Nr. 3.
„ 9·88. — Mionnet, Suppl. III, Taf. XIV, 4.
„ 9·65. —)
„ 9·25. — (Brit. Museum.
„ 4·90. — München.

24. — **ΑΙΣΧΡΙΩΝ ΑΙΣΧΡΙΩΝΟΣ**.

℞ **ΑΚΑΡΝΑΝΩΝ**. Vor Apollon ein Füllhorn
mit Tänien, und auf der Seitenfläche des Thrones
das Monogramm ΤΛΡ.

Grm. 8·86. — Wien (unvollständig und beschädigt);
abgebildet in Eckhel's Num. vet. anecd.
Taf. VII, 16, und irrig Anaktorion zugetheilt.
Cf. Mionnet, Suppl. III, 457, 23.
„ 4·80. — Mus. Hunter, Taf. I, 21, = Mionnet,
Suppl. III, 453, 4.
„ 4·55. — Brit. Museum.

25. — **ΒΑΘΥΟΣ ΝΙΚ.** ℞ **ΑΚΑΡΝΑΝΩΝ** Vor Apollon
ein Eberkopf linkshin, und auf der Seitenfläche
des Sitzes ΛΡ.

Grm. 4·83. — Mionnet II, 78, 2.
„ 4·47. — Mus. Hunter, Taf. I, 20.
„ 4·22. — Florenz, mit **ΒΑΘΥΣ ΝΙΚ.**
„ 4·10. — Bibl. Athen, Nr. 2089, ebenso.

26. — **ΦΙΛΑΝΔΡΟΣ.** ℞ **ΑΚΑΡΝΑΝΩΝ**. Vor Apollon
eine Schiffsprora; auf dem Sitze Ꙗ.

Cᵃ Gr. 10. — Cadalvène, welcher diese Münze in
seinem Recueil, S. 145, beschreibt, weist darauf
hin, dass ihr Beamtenname, das Schiffs-

symbol und das Monogramm von **ΛΕΥ**
an eine der späten leukadischen Didrachmen
erinnern, [27]) und dass ihr Prägort demnach wahrscheinlich Leukas sei.

27. — **ΦΕΡΕΛΑΟΣ**, hinter ··**ΕΡΙΚΑΛ**(**ΟΥ**)? über dem
Achelooskopfe. ℞ **ΑΚΑΡΝΑΝΩΝ**. Vor Apollon
eine Ameise; auf dem Throne ⊠?
Cᵃ Gr. 5. — Modena.

28. — **ΑΚΑΡΝΑΝΩΝ**. ℞ **ΦΕΡΕΛΑΟΣ**.
Grm. 8·80. — Soutzo, Rev. num. 1869, Taf. VI, 8.

29. — Gleiche Aufschriften; vor Apollon eine Aehre;
Perlkreis auf der Hauptseite.
Grm. 9·65. — Brit. Museum.

30. — **ΑΚΑΡΝΑΝΩΝ** ℞. ℞ **ΟΡΣΙΚΡΑΤΟΥΣ ΛΕΩΝ**.
Grm. 5.03. — Mus. Hunter, Taf. I, 19 = Mionnet,
Suppl. III, 453, 3.
„ 4·90. — Brit. Museum, mit **ΟΡΣΙΚΡΑ**.
ΛΕΩΝ.
„ 1.56. — M. S., ohne Monogramm. Es ist dies
der einzige bis jetzt bekannte Sechstel.

β) mit verschiedenen Darstellungen:

31. — **ΑΚΑΡΝΑΝΩΝ**. Bartloser Achelooskopf rechtshin.
℞ **ΜΕΝΝΕΙΑΣ**. Apollon, nackt, rechtshin auf
einem Felsen sitzend, die rechte Hand darauf
stützend, und den Bogen in der vorgestreckten
Linken haltend. Vor ihm eine brennende Fackel.
Grm. 5·07. — Cat. Borrell, 1852. Nr. 89.
„ 5·01. — Mionnet, II, 75, 5, Taf. LXXII, I.

---

[27]) Mionnet, II, 83, 35, und Postolakka, a. a. O. Nr. 688.

Grm. 4·90. — Mus. naz. Neapel, Nr. 6942, mit
MENNEIA.

„ 4·36. — K. Bibliothek Turin.

32. — Hauptseite wie Nr. 31.

℞ **MENNEIAΣ**. Artemis rechtshin schreitend,
mit beiden Händen eine brennende Fackel
haltend. Im Felde, vor der Göttin, eine zweite
Fackel.

Grm. 4·18. — Mus. Hunter, Taf. I, 22.

„ 3·97. — Mionnet, II, 79, 6; Suppl. III,
Taf. XIV, 6.

33. — **ΦΙΛΙΚΟΣ**. Bärtiges Haupt des Acheloos
rechtshin.

℞ **AKAPNANΩN**. Apollon Kitharodos in langem
Gewande rechtshin stehend, auf dem linken Arme
die Lyra, in der vorgestreckten Rechten eine
Schale (?) haltend. Vor ihm, im Felde, ein
Stern mit acht Strahlen über der Höhlung einer
Mondsichel [28]).

Grm. 6·48.—Musée de Luynes, schlecht erhalten.

34. — **ΝΑΥΣΙ—ΜΑΧΟΣ**. Bärtiger Achelooskopf
rechtshin.

℞ **AKAPNANΩN**. Derselbe Apollotypus rechtshin;
im Felde links **Υ**; rechts **Χ**.

Grm. 2·93.—Modena; abgebildet Taf. I, Nr. 4.

35. — Hs. identischen Stempels wie Nr. 34.

℞ **AKAPNA—NΩN**. Zeus, nackt, rechtshin stehend,
in der erhobenen Rechten den Donnerkeil, auf

---

[28]) Der Stern über der Mondsichel ist auch das Bild einer
Kupfermünze von Leukas (Nr. 53).

der vorgestreckten linken Hand den Adler
haltend.

Grm. 3·17. — Brera in Mailand; abgebildet
Taf. I, Nr. 5.

Grm. 3.16. — Mionnet, Suppl. III, Taf. XIV, 5,
wo der Adler nicht mehr ersichtlich ist.

Im Verkaufskatalog der Sammlung Subhi Pacha,
Februar 1878, erscheint als Nr. 1114 das folgende unedirte
Stück:

36. R 22 Mm. — **AKAPNANΩN** hinter einem Apollokopfe rechtshin.

℞ **ΘYΩN**. Artemis, mit Köcher und Bogen über der
Schulter, und einer Fackel in den Händen, rechtshin schreitend; im Felde ein Anker; das Ganze
von einem Eichenkranze umgeben. [284])

Diese jüngste Reihe akarnanischer Gaumünzen hat mit
den älteren Serien den Acheloostypus gemein; doch ist
er hier in der Regel bartlos. Die wenigen Stücke (Nr. 33
bis 35), welche den Kopf bärtig zeigen, gehören auch mit
ihren übrigen Typen und ihren Gewichten zu den Ausnahmen. Auf den Kehrseiten erscheinen nun neue Bilder, selten
diejenigen des Zeus und der Artemis, vorherrschend

---

[284]) Dieses interessante Stück ist, wie ich einer sehr verdan-
kenswerthen Mittheilung des Herrn Percy Gardner entnehme, in
die Sammlung des Britischen Museums übergegangen und wird
demnächst im Numismatic Chronicle besprochen und abgebildet
werden. Sein Gewicht, Grm. 7·35, welches nicht in das System der
übrigen Gaumünzen passt, scheint einem leicht ausgeprägten leukadischen Didrachmon attischer Währung zu entsprechen. Ihrem
rohen Stile zufolge muss die Münze zu den spätesten Prägungen
des Bundes gezählt werden.

und in verschiedener Gestaltung dasjenige Apollo's. Die
gewöhnliche Darstellung dieses Gottes ist die auf einem
Throne sitzende, nackte, mit langen hinter den Schultern
herabwallenden Haarlocken, und mit dem Bogen in der
einen Hand. Genau so findet man ihn auf Kupfermünzen
von Ambrakia [29]), von denen mehrere auch den bartlosen Kopf eines Flussgottes zeigen [30]). Eine zweite, sonst
völlig gleiche Erscheinung des Apollon ist die auf einem
Felsen sitzende. Die dritte, stehend, in langem Gewande, die Lyra und eine Schale haltend, ist in Form und
Stil dem Typus der lenkadischen Didrachmen verwandt,
der sogenannten Artemis, welche neulich Curtius [31]) als
Aphrodite Aineias erklärt hat. Einem stehenden nackten
Apollobilde werden wir bei der Beschreibung der Pegasosstater Anaktorions (Nr. 5) begegnen. — Das thronende
Bild ist schon wiederholt für dasjenige des Apollon
Aktios ausgegeben worden. Sicher ist die Deutung nicht,
aber keineswegs unwahrscheinlich, da die betreffende Darstellung die am häufigsten wiederkehrende ist, und sogar,
wie schon bemerkt, auch von den Ambrakioten auf ihre
Münzen übertragen wurde. Dem Apollon Leukates, wie
er mit der vollen Beischrift auf einer Bronzemünze Trajan's
von Nikopolis vorkömmt [32]), entspricht keiner der akar-

---

[29]) Mionnet II, 51, 43 und 44, und Suppl. III, 366, 54.

[30]) Mionnet II, 51, 45 mit stossendem Stiere; Cat. Thorwaldsen,
Taf. I, 456, und m. S., mit Krabbe; hier ist der Kopf des Fluss-
gottes wohl auf den Aratthos (auf Pegasosstatern von Ambrakia
ΑΡΑΘΟΟΣ) zu deuten.

[31]) Hermes, X, S. 243. — Ueber den Apollon Kitharodos,
s. Nachtrag.

[32]) Friedlaender, in der Archäol. Zeitung 1869, Taf. XXIII, 21,
nach dem bis jetzt einzigen Exemplare meiner Sammlung.

nanischen Apollotypen. — Dass die Göttertypen der a u t o -
no m e n Münzen, wenigstens derjenigen der bessern Zeiten
in der Regel Schöpfungen der Stempelschneider, und nicht
blosse Copien plastischer Kunstwerke und Cultusbilder
waren, ist eine bekannte Thatsache, die uns je länger je
deutlicher zum Bewusstsein kömmt. Ausnahmen mögen hin
und wieder stattgefunden haben; allein, wie im vorliegenden Falle, wird es stets schwierig sein, dieselben sicher
zu constatiren.

Ueber das Münzsystem der Akarnanen im III. und
II. Jahrhundert v. Chr. habe ich schon früher einmal Gelegenheit gehabt mich auszusprechen [33]): es hatte sich an
die in der makedonischen Zeit im nördlichen Hellas herr-
schende Währung angeschlossen [34]), und zwar nicht nur
mit dem Silberstater von ca. Gr. 10·70 und seinen Frac-
tionen, sondern zugleich auch mit der Goldprägung
nach attischem Fusse. Müssten die später zu bespre-
chenden Silbermünzen mit der Aufschrift **HPAKΛEΩTAN**
dem akarnanischen Herakleia definitiv entzogen werden,
so würde man unter den akarnanischen Prägungen das
attische Tetradrachmon, welches zur nämlichen Zeit
in den Münzreihen der Actoler und Boeoter, von Chalkis
und Eretria, erscheint, und desshalb auch bei den Akarnauen
vorauszusetzen wäre, einstweilen noch vermissen. In
dieses System der Doppelwährung in den nordgriechischen
Staaten gewährt die nachstehende Uebersicht der mir bekannten Gewichte den besten Einblick:

---

[33]) Zur Münzkunde und Palaeographie Boeotiens etc. in Huber's
Num. Zeitschrift III, S. 417 (Sep-Abdr. S. 99).

[34]) Eine Ausnahme hievon machte das gleichzeitige städtische
Silbergeld von Leukas.

	Goldstater att. Währ.	Hälften
Akarnanien.		
Gaumünzen		4·25
Herakleia? . . .		
Leukas		
Thyrreion		
Epeiros.		
Pyrrhos [36]	8·52—8·50	4·28—4·20
Gaumünzen		
Kassope		
Aetolien.		
Gaumünzen	8·48—8·42	4·28—4·20
Boeotien.		
Gaumünzen		
Euboea.		
Chalkis		
Eretria		
Histiaia		

[33] Hier wäre noch das Z w e i d r i t t e l s t ü c k Nr. 33 einzuschalten.

[36] Die Gold- und Silbermünzen des P y r r h o s, die hier nicht aufgeführten Italien geprägt worden zu sein. Indessen könnte auch ein Theil derselben der Fall voraussetzt, dass Pyrrhos sicilische Künstler nach Epeiros herüber genom. Coinage of Syracuse, S. 46, 4th. und 55—60.

[37] Grm. 5·62 wiegt ein unedirtes Stück meiner Sammlung, mit Pallaskopf actolischen Silbermünzen von Grm. 2·56—2·34 sind V i e r t e l s t a t e r, und mit-

[38] Diese euboeischen Gewichte sind Drittel der gleichzeitigen Tetradrach. Hälften ich hier nicht anführe.

Tetradrach-men att. Währ.	Silberstater	Hälften	Drittel	Sechstel
. . . .	10·25—8·80	5·07—4·10[35]	3·17—2·93	1·56
16·48	9·80—8·82	5·12—4·90		3·25 1·86—1·40
. . . .		4·97—3·85	. . . . . .	
. . . .	10·68—8·93	4·74—4·63	2·92	. . . . . .
16·98—16·35	. . . .	5·59—5·38	. . . .	
. . . .	10·13—9·80	5·40—4·15	3·34—2·87	1·65—1·55
		5·28—4·60	. . . .	. . . . . .
17·44—16·62	10·77—9·69	5·37—5·05[37]	. . . .	
17·08—16·90	. . . .	5·12—4·63	. . . .	
16·48	. . . .	5·65—5·30[38]	. . . .	. . . . . .
16·83—16·70	. . . .	5·74—5·—[38]	. . . .	. . . . . .
. . . .	. . . .	5·75[38]	. . . .	

Didrachmen attischen Systems mit eingerechnet, scheinen in Sicilien und Unter-
Prägstätte Ambrakie's zukommen, wenn man den nicht unwahrscheinlichen
men oder berufen habe. — Ueber das System der Pyrrhos-Münzen cf. Head,

und Eber, das sich zum Tetradrachmon wie 1:3 verhält. — Die zahlreichen
sprechen zugleich dem Gewichte des achaeischen Bundesgeldes.
men, und kommen reducirten aeginaeischen Drachmen gleich, deren

Die zahlreichsten Goldmünzen und Tetradrachmen scheint Aetolien geschlagen zu haben; [39]) von den letzteren sind nicht weniger als 15—20 Varietäten mit verschiedenen Monogrammen und Kopftypen (Herakles und Artemis) auf uns gekommen. Die Tetradrachmen der übrigen aufgezählten Landschaften und Städte sind bis jetzt äusserst selten geblieben; und andere Städte, die sonst nach der nämlichen Silberwährung münzten, wie z. B. die illyrischen und Korkyra, haben deren gar keine aufzuweisen. Es lässt sich hieraus ableiten, dass die von Akarnanien, Boeotien und Euboea ausgegangene Gold- und Silberprägung nach attischem Fusse von kurzer Dauer gewesen sei; nicht aber, dass daselbst etwa das Bedürfniss nach Tetradrachmen und Goldstateren attischer Währung zu bestehen aufgehört habe. Dem Bedürfnisse nach diesen Münzsorten ist durch die bis spät überall cursirenden und massenhaft nachgeprägten Münzen Alexander des Grossen und diejenigen seiner Nachfolger und der Stadt Athen gewiss reichlich begegnet gewesen, [40]) und diesem Umstande mag es hauptsächlich zuzuschreiben sein, dass an manchen Orten von der Prägung grösserer Geldsorten mit Localtypen abgesehen wurde.

Das Gewicht des leider schlecht erhaltenen Stückes Nr. 33, Grm. 6·48, repräsentirt 2/3 des in wenigen Fällen Grm. 10 übersteigenden Silberstaters der akarnanischen Serie. Diese Art der Dreitheilung scheint nur ausnahms-

---

[39]) Die Münzen des Pyrrhos können, ihres zum Theil ausländischen Ursprungs wegen, hier nicht eigentlich in Betracht fallen.

[40]) Für Akarnanien speciell sind auch die leukadischen Didrachmen attischer Währung hinzu zu rechnen.

weise stattgefunden zu haben, [41]) und den epeirotischen, aetolischen und boeotischen Prägungen gänzlich fremd geblieben zu sein. [42])

Etwas auffallend ist die Erscheinung, dass der jüngsten Gold- und Silberprägung des akarnanischen Bundes nicht, wie den Gaumünzen der Nachbarstaaten, eine entsprechende Kupferemission nebenher geht. Wahrscheinlich war hiefür städtisches Kupfergeld, in erster Linie wohl das leukadische, in die Lücke getreten.

Die Münzen, welche den Namen des Lykurgos führen, [43]) scheinen die ältesten der Serie zu sein. Aus ihrer Zahl und ihren wechselnden Monogrammen ist zu schliessen, dass sie während einer gewissen Reihe von Jahren ausgegeben wurden. Einzelne Exemplare derselben sind noch von recht guter Arbeit, während fast alle übrigen Gepräge der Gruppe einen ebenso entarteten Stil, als rohe Fabrik aufweisen. Einen noch tiefern Verfall der Kunst zeigen übrigens die gleichtypigen Silbermünzen Thyrreion's, in welcher Stadt nach der bisherigen Annahme, jenen vorangehend, sämmtliche Gaumünzen geprägt worden sein sollen.

---

[41]) Vgl. Anm. 25.

[42]) Statt des in Eretria, Chalkis und Histiaia heimischen Nominals von Grm. 5·75, weisen Münzen von Karystos einen solchen von Grm. 6·97—6·40 auf. Gewichte, welche indessen wohl nur zufällig mit den hier in Rede stehenden übereinstimmen, und einem anderen Systeme anzupassen sind. Imhoof, Griechische Münzen im Haag etc. S. 34—36 (Zeitschrift für Numismatik, III, 1876, S. 302 bis 304, Taf. VIII, 9 und 10).

[43]) Vgl. die Parallele zwischen den Münzen des Lykurgos und des Damylos in Anm. 109.

Dass die in Rede stehenden Bundesmünzen dem III.
und II. Jahrhundert v. Chr. angehören, darüber können
wohl keinerlei Zweifel obwalten. In welche Jahre aber
ungefähr der Beginn und der Schluss der Prägung falle,
und wo diese sich vollzogen habe, darüber ist trotz
gewissenhaftester und vielseitigster Prüfung der Verhältnisse und des Materials nicht leicht zu entscheiden. Zieht
man z. B. behufs stilistischer Vergleichung mit den akarnanischen Münzen andere heran, die sicher datirbar sind,
wie die für diesen Zweck nicht allzu entfernt liegenden
makedonischen Königsmünzen von Demetrios Poliorketes
an bis Perseus (294—167 v. Chr.),[44] so wird es dennoch
schwierig bleiben, zu dem gewünschten Resultate einer
genauern Fixirung der Prägeepoche zu gelangen. Denn
einmal vollzogen sich in den verschiedenen Landschaften
die Veränderungen der Schriftformen weder stets gleichzeitig noch ganz gleichförmig, und zweitens kann der
Durchschnitt künstlerischer Leistungen zu gleicher Zeit
nicht überall der nämliche gewesen sein. In der Regel
werden die Stempelschneider der königlichen Höfe zu den
besten der Zeit gehört haben; aber auch ihre Producte
weisen oft in kurzen Zwischenräumen Verschiedenheiten
auf, die uns mit Recht in Erstaunen zu setzen geeignet
sind. Wie unschön erscheint z. B. der Durchschnitt der
Münzen des Antigonos Gonatas gegenüber der Mehrzahl
der unter seinen Nachfolgern vollzogenen Silberprägungen,
und welcher Wechsel tritt wiederum in diesen, besonders
in denjenigen Philipp's V., zu Tage.[45]

---

[44] Die scheinbar zunächst liegenden des Pyrrhos können
hier nicht in Berücksichtigung gezogen werden. Cf. Anm. 36.

[45] Vgl. die Bemerkungen über die Tetradrachmen des Agathokles, S. 10 und von Anaktorion, Nr. 38—46.

Dennoch glaube ich behaupten zu können, dass die ersten Münzen der Serie, diejenigen mit dem Namen des Lykurgos, in die Zeit des Antigonos Gonatas fallen (283—239 v. Chr.), und zwar spätestens etwa in die Mitte seiner langen Regierung. Diesem Antigonos müssen nämlich meiner Ansicht zufolge die Münzen zugetheilt werden, welche man bisher seinem Grossvater Antigonos, König von Asien, gegeben: jene zum Theil schönen Tetradrachmen mit dem Typus des Poseidonkopfes und des auf einer Schiffsprora sitzenden Apollons,[46] welche vielleicht in der thessalischen Stadt Demetrias geprägt worden sind.[47] Von diesen und jenen

[46] Mionnet, Suppl. III, Taf. XI, 2; de Luynes, Choix de méd. grecques, Taf. XIV, 7; Imhoof, Choix de monnaies grecques, Taf. XI, 22.

[47] Zu der neuen Zutheilung leiten mich hauptsächlich einerseits das Gefühl, dass diese Tetradrachmen nicht kleinasiatischen Ursprungs seien, und anderseits der Umstand, dass dieselben, wenn man sich der frühern Attribution anschliesst, eine Erscheinung wären, welche bei dem nicht gerade seltenen Vorkommen der Stücke und der Unmöglichkeit, dem älteren Antigonos irgend welche andere Münzen zuzuschreiben, auffallend isohrt dastände. Gibt man dagegen die Münzen dem Antigonos Gonatas, so scheint damit zugleich auch deren Prägstätte gefunden zu sein, nämlich in der Magnetenstadt Demetrias. Diese, eine Gründung des Demetrios Poliorketes, Vaters des Antigonos Gonatas, hatte sich nicht nur schnell zu einem der wichtigsten Plätze des makedonischen Reiches entwickelt, sondern diente dessen Königen häufig als Residenz und gewiss auch als Münzstätte. — Die städtischen Münztypen von Demetrias, mit den Beischriften ΔΗΜΗΤΡΙΕΩΝ und ΜΑΓΝΗΤΩΝ, sind entweder eine Schiffsprora, deren Form auf den älteren Geprägen genau dieselbe ist wie auf den Königsmünzen, oder Artemis mit dem Bogen in der einen Hand, auf der Schiffsprora sitzend. (Cf. Mionnet, III, 143, 599; von Prokesch-Osten, Inedita 1854; Cadalvène, Recueil,

Münzen gibt es Exemplare, welche sowohl im Charakter
der Schrift als in der Auffassung und künstlerischen Ausführung der Apollofigur einander ungemein nahe stehen
und demnach auch zeitlich nicht als weit auseinander
liegend zu betrachten sind. Die Tetradrachmen mit dem
Apollotypus scheinen die ältesten Prägungen des Antigonos darzustellen und können folglich vom Jahre 277 v.
Chr. an geschlagen worden sein. In diese Zeit oder in die
darauf folgenden Decennien wird daher auch der Beginn
der Prägung der akarnanischen Gaumünzen anzusetzen
sein.

Mit der Frage der Zeit hängt enge zusammen diejenige des Prägortes, deren Lösung indessen bei

---

Taf. 11, 10; General Fox, inedited or rare greek coins, I, Nr. 69;
zwei Exemplare in m. S.) Abgesehen von dem Wechsel der beiden
gleichartig gestalteten Gottheiten, Apollon und Artemis,
entspricht die letzte Darstellung, wie sie uns auf den selteneren gut
stilisirten Exemplaren entgegentritt, so sehr dem Kehrseitenbilde
der Antigonosmünze, dass an eine örtliche Trennung der beiden
Münzsorten nicht wohl zu denken ist. Dasselbe lässt sich auch von
den Kopftypen behaupten, deren Charakter unleugbar derselbe
ist, besonders was die Behandlung des Haupt- und Barthaares, bis
auf die weit über die Stirn herabhängende Locke, anbetrifft. Zudem
schliessen sich die Drachmen der Magneten nicht dem sonst in
Thessalien üblichen aeginaeischen Fusse an, sondern dem
attischen, worin ihnen wiederum die Tetradrachmen zur Seite
stehen. Wenn nicht gleichzeitig mit diesen, so hat die Prägung
der autonomen Drachmen gewiss nicht lange nach derjenigen der
königlichen Tetradrachmen begonnen. Jene scheint bis in die Zeit
des Perseus und vielleicht noch bis etwas später fortgesetzt worden
zu sein. — Der andere Typus der kämpfenden Pallas, den Antigonos Gonatas für seine Tetradrachmen und Drachmen (cf. m.
„Choix de monn. gr." Taf. I, 23) angenommen, ist offenbar jünger
als der des Apollon, und ist auch während eines längern Zeitraumes verwendet worden.

weitem nicht so einfach ist als sie bis jetzt gewöhnlich
dargestellt worden.

Der ziemlich allgemein verbreiteten Meinung zufolge
wäre nämlich Thyrreion der Ort, wo die Gaumünzen
ausgegeben worden wären. Zur Begründung derselben
stützt man sich auf die Wahrnehmung, dass die Münzen
der Stadt dieselben Typen tragen wie die Prägungen des
Bundes, und ferner auf die Stellen des Polybios (XXVIII, 5)
und Livius (XLIII, 17), wo von einer im Jahre 169 v. Chr.
in Thyrreion abgehaltenen Volksversammlung berichtet
wird, und aus denen allerdings geschlossen werden kann,
dass damals Thyrreion, sei es vorübergehend, sei es
während eines längern Zeitraumes, oder abwechselnd
mit Leukas, Vorort des Bundes gewesen sei.

Die Beschreibung der Münze Nr. 26 gab dagegen die
Veranlassung, auf Cadalvène's kurz ausgesprochene
Ansicht aufmerksam zu machen, dass die Gaumünzen in
Leukas geprägt worden sein möchten, als diese Haupt-
stadt des Bundes war. Jenes Stück trägt in der That ein
in die Buchstaben ΛΕΥ aufzulösendes Monogramm, den
auf leukadischen Didrachmen vorkommenden Namen
ΦΙΛΑΝΔΡΟΣ, und, als Beizeichen, den Schiffstypus von
Leukas. Auf anderen Münzen des Bundes findet man die
Namen ΒΑΘΥοΣ, ΛΕΩΝ, ΝΙΚ·· und die Monogramme
Ⱃ und Ⱃ, welche ebenfalls häufig auf den Didrachmen
der Stadt Leukas zu treffen sind. Zu diesen Thatsachen,
welchen, da sie mehr oder weniger auf Zufall beruhen
könnten, an und für sich allein kein ausserordentliches
Gewicht beigelegt werden dürfte, tritt die wichtigere
hinzu, dass Leukas bereits als Prägstätte einer Serie von
Bundesmünzen (Nr. 6—10) und wahrscheinlich auch von

Nr. 11—18) bekannt ist, — und ausserdem noch die
bestimmte Nachricht des Livius (XXXIII, 17), dass
„Lenkas die Hauptstadt der Akarnanen war, wo sich die
Volksstämme zur Versammlung einzufinden pflegten".
Dass Lenkas spätestens von ungefähr der Mitte des
III. Jahrhunderts v. Chr. an bis zum Jahre 197 Vorort
des Bundes gewesen sei, habe ich oben, S. 21 ff., nach-
zuweisen gesucht, und wenn Livius (XXXVI, 11) die
Leukadier 191 v. Chr. wiederum als Hauptvolk der Akarnanen bezeichnet, so darf unbedenklich angenommen
werden, dass die Stadt auch nach ihrer ersten Demüthi-
gung durch Rom ihre Stellung als Bundeshauptort noch
während einiger Zeit fort zu behaupten gewusst hatte,
vielleicht bis wenige Jahre vor ihrer zweiten Einnahme
durch die Römer im Jahre 167 v. Chr. Sind diese
Ansichten, sowie die fernere richtig, dass die Hauptstadt des Bundes zugleich der Prägort der Bundesmünzen gewesen sei, so müsste daraus, entgegen der
gewöhnlichen Annahme zu Gunsten Thyrreion's, unbedingt
folgen, dass die Prägung sämmtlicher Gaumünzen mit den Beamtennamen, die allerjüngsten vielleicht ausgenommen, [45]) von der Stadt Lenkas aus-
gegangen war.

Einer letzten Schwierigkeit begegnet diese örtliche
Zutheilung in der bekannten Reihe leukadischer

---

[45]) Da Thyrreion 169 v. Chr. als Ort der Bundesversammlung
erscheint, so ist es leicht möglich, dass dieser Stadt das Münzen
von Bundesgeld für wenige Jahre zugestanden, und sie dann nach
den Ereignissen des Jahres 167 die gleichartige Prägung mit dem
Localnamen eingeführt hatte. Die rohe Stillosigkeit der Mehrzahl
dieser Gepräge widerspricht ihrer zeitlichen Herabsetzung keineswegs.

Didrachmen attischer Währung.[49]) Ihre Varietäten und Magistratsnamen sind, wie wir später sehen werden, allzu zahlreich, als dass sie alle in den Zeitraum von 197—167 v. Chr. verwiesen werden könnten; und mit dem letztern Datum ist wohl die Epoche bezeichnet, von welcher an Leukas seine Silberprägungen hatte einstellen müssen. Man sieht sich also gezwungen, den Ursprung dieser Serie in's III. Jahrhundert v. Chr. zurück zu verfolgen, was sich an der Hand einer Anzahl Stücke, die sich theils durch hübschere Stempelarbeit,[50]) theils durch die ältere χγνίσκος genannte Form des Akrostolions,[51]) vor den übrigen in der Regel unschönen Geprägen auszeichnen, leicht thun lässt.

Ist man aber zu der Ueberzeugung gelangt, dass der Anfang dieser städtischen Silberprägung vor den Schluss, oder sogar gegen die Mitte des III. Jahrhunderts v. Chr. zurückzuführen sei, und dass sie bis gegen 167 v. Chr. gedauert habe, so müssten bei der fernern Annahme, die Gaumünzen seien ebenfalls in Leukas ausgegeben worden, zwei collaterale Prägungen der Stadt nach verschiedenen Systemen und mit verschiedenen Typen vorausgesetzt werden.[52]) In diesem Falle wäre der leukadischen Didrachme, welche den frühern Pegasosstater ersetzte, der

---

[49]) Mionnet, II, 82, 27—36 und Suppl., III, 462, 59—69; Postolakka, a. a. O. Nr. 671—688.

[50]) Zu diesen gehören einige der die Namen **ΔΑΜΥΛΟΣ**, **ΛΥΣΙΜΑΧΟΣ**, **ΠΟΛΕΜΑΡΧΟΣ** führenden Didrachmen.

[51]) Cf. Leukas, Nr. 48, 49 und 49 a.

[52]) Der städtischen Silberprägung von Leukas scheint zwar auch kein einheitliches System zu Grunde gelegt gewesen zu sein; denn neben den Didrachmen attischer Währung erscheinen ebenfalls mit der Aufschrift **ΛΕΥΚΑΔΙΩΝ**, gleichzeitige Hemistater nach dem Fusse der Gaumünzen. Vgl. S. 35.

Charakter einer Handelsmünze verblieben, während die am gleichen Ort geprägte Gaumünze ausschliesslicher dem inneren Verkehr des Landes gedient hätte.

Mag man nun, in Anbetracht etwa der Verschiedenheit der beiden gleichzeitigen Serien, das Anrecht der Prägstätte Leukas auf die Bundesmünzen bezweifeln, so wird man dagegen zugeben müssen, dass dennoch gewichtige Anzeichen verschiedener Art vorhanden sind, welche für die versuchte neue Bestimmung des Prägortes sprechen, oder zu sprechen scheinen, und durch welche die Vorschläge zu Gunsten Thyrreion's oder Anaktorion's, an das man ebenfalls hätte denken können, in den Hintergrund gedrängt werden.

Somit wären wir an das Ende der Besprechung der akarnanischen Bundesmünzen gelangt. In der vorgenommenen Sichtung des bisher ungenügend durchforschten Materials bleibt leider mancher dunkle Punkt zurück, von denen vielleicht einst der eine oder andere durch neue Funde von Münzen und Inschriften aufgeklärt werden wird. Die einstweilen erzielten Resultate lege ich daher als weiterer Untersuchung bedürftige und theilweise unmassgebliche vor:

Ca. 400—300 v. Chr.:

 α) Silbermünzen des Bundes, mit **A—K**, oder einem Strategennamen bezeichnet (Nr. 1 und 2), in Stratos geprägt, und auf eine ältere städtische Prägung mit gleichen Typen folgend (Stratos, Nr. 1—6).

 β) Die vielleicht als Bundesmünzen aufzufassenden, bei Oiniadai beschriebenen Silbermünzen Nr. 1—9 mit den Zeichen **F** und **T**.

γ) Kupfermünzen des Bundes mit den Monogrammen ℞ und ℞ (Nr. 3—5), wahrscheinlich Prägungen von Stratos. Gleichartige Prägung bis ca. 323 v. Chr. in Oiniadai.

Ca. 300—250 v. Chr.:

α) Kupfermünzen des Bundes mit den Monogrammen A und A, oder A allein (Nr. 7—10), in Leukas geprägt.

β) Silberstater mit korinthischen Typen und A (Nr. 6), in Leukas geprägt. [53])

γ) Silbermünzen zu Grm. 6·80 Gewicht, mit korinthischen Typen und dem Achelooshaupte als Beizeichen, ohne Ortsbezeichnung (Nr. 11 bis 18), vermuthlich in Leukas geprägt.

Ca. 250—167 v. Chr.:

Gold- und Silbermünzen des Bundes mit Strategennamen (Nr. 19—35), wahrscheinlich in Leukas, die jüngsten vielleicht in Thyrreion geprägt; oder auch abwechselnd in beiden Städten. In Leukas, gleichzeitige städtische Prägung attischer Didrachmen und akarnanischer Hemistatere.

---

[53]) Diese und die folgende Kategorie scheinen für Akarnanien den Abschluss der Staterprägung nach korinthischem Vorbilde zu bilden. Die Hauptmasse der mit städtischen Initialen bezeichneten Pegasosstater fällt in die Zeit der beiden Kupferprägungen des Bundes, etwa zwischen 350—250 v. Chr., und steht diesen gleichsam als Silber-Vereinsgeld gegenüber.

Nach 167 v. Chr.:

Städtische Prägung Thyrreion's mit den Typen
der Gaumünzen.

III.

Die Münzen der akarnanischen Städte.

Alyzia.

— Gründung unbekannt.

413 v. Chr. scheint Alyzia auf Seite der Athener zu stehen.
Thukyd. VII, 31.

374 „   „   ebenso, Xenophon, Hell. V, 4.

323 „   „   Alyzia und Leukas befinden sich im Lamischen Kriege
auf Seite der Athener.
Diodor. XVIII, 11.

Die Pegasosstater von Alyzia sind nicht sehr zahlreich; auch gibt es deren keine archaischen Stils. [54]
Die am häufigsten vorkommenden Beizeichen sind Bogen
und Keule, Attribute des Herakles, welchem in der
Nähe der Stadt ein reichgeschmückter Tempel geweiht
war. [55] Dieselben Beziehungen findet man in den Typen
der Kupfermünzen.

---

[54] Die angebliche Aufschrift **AΛVΞIA**, welche auf einem
archaischen Stater von Korinth Minervini (Saggio di osserv. num.
1856, S. 169, Taf. V, 10) mit so viel Zuversicht gelesen und publicirt
hatte, ist von Friedländer in den Berliner Blättern 1868, S. 136 mit
Recht als reine Phantasie bezeichnet worden.

[55] L. Heuzey, le mont Olympe et l'Acarnanie, S. 410—416.

1. Æ 20 Mm , Grm. 8·52. — Pallaskopf rechtshin ; hinter
demselben **A**, und vor dem Helme ein Bogen.
Das Ganze in einem vertieften Vierecke. [56])

Iϝ Rechtshin fliegender Pegasos, mit zugespitzten
Flügeln.
J. P. Six in Amsterdam.

2. Æ 20 Mm., Grm. 8·04. — **ΛΛΥ** über dem Pallaskopfe,
rechtshin; vor demselben ein grosser Bogen.

Iϝ Linkshin fliegender Pegasos.
J. P. Six.

3. Æ 21 Mm., Grm. 8·40. — **ΛΛΥ** vor dem Pallaskopfe
rechtshin; darunter eine liegende Keule, mit
dem dicken Ende linkshin.

ᵬ Rechtshin fliegender Pegasos.
M. S.

4. Æ 24 Mm., Grm. 7·85. — Wie Nr. 3 ; das dicke Ende
der Keule rechtshin.

Iϝ Identischen Stempels wie Nr. 3.
J. P. Six. — Cousinéry, Essai, Taf. II, 20.

---

[56] Wiewohl in der Regel die gewölbte obere Seite der
Pegasosstater das Bild des Pegasos trägt, so fahre ich dennoch,
bisheriger allgemeiner Uebung gemäss, fort, in den Beschreibungen
dieser Münzen die Kopfseite voranzustellen. In Wirklichkeit
kann ja auch nur diese als Hauptseite aufgefasst werden. —
Dieselbe Technik findet man z. B. auch bei den älteren sicilischen
und italischen Geprägen, und es wird dabei kaum Jemandem einfallen, die stets in concavem Felde erscheinenden hübschen Köpfe
als Kehrseiten, und die dagegen meist oberflächlich gearbeiteten
Gespanne als Hauptseiten zu beschreiben.

5. Æ 21 Mm., Grm. 8·42. — Wie Nr. 3. mit einer auf-
   gerichteten Keule hinter dem Kopfe.
   Wien, Eckhel, Num. vet. anecd. Taf. VIII. 14;
   Mionnet, Suppl. III. 455, 11; Sammlung
   W. Froehner in Paris.

6. Æ 21 Mm., Grm. 8·10. — ΑΛΥ vor dem Pallaskopfe,
   linkshin; hinter demselben, Bogen und Keule.

   ℞ Λ. Linkshin fliegender Pegasos.
   M. S. — Λ ist als Monogramm für ΑΛΥ aufzufassen.

7. Æ 21 Mm. — Pallaskopf linkshin; hinter demselben
   ein Bogen.

   ℞ Wie Nr. 6.
   Consinéry, Essai, Taf. II. 21.

8. Æ 21 Mm., Grm. 8·33. — ΝΩΙΑΞΥΛΛ vor dem
   Pallaskopfe, linkshin; hinter demselben ein
   Bogen.

   ℞ Linkshin fliegender Pegasos.
   Berlin; Fox, uned. or rare greek Coins. sup-
   plemental plate Nr. 10. — Brit. Museum.

9. Æ 21 Mm., Grm. 8·49. — Wie Nr. 8, mit ΑΛΥΞΑΙΩΝ.
   Brit. Museum, nach Leake, Eur. Gr. S. 8.

10. Æ 21 Mm. — ΑΛΥΞΑΙΩΝ vor dem Pallaskopfe
    rechtshin; hinter demselben Bogen und
    Keule.

    ℞ Λ. Rechtshin fliegender Pegasos.
    Brit. Museum.

11. Æ 21 Mm. — **ΑΛΥΣΑΙΩΝ** vor dem Pallaskopfe
    rechtshin; hinter demselben ein rechtshin
    stehender Hahn.

  ℞ Rechtshin fliegender Pegasos.
      Berlin; cf. Leake, Num. Hell. Eur. Gr. S. 8,
      Grm. 8·43.

12. Æ 21 Mm. — Wie Nr. 11, mit **A** unter dem Pegasos.
    Brit. Museum.

13. Æ 21 Mm., Grm. 8·35. — Wie Nr. 12, mit einem
    Stierkopf von vorn hinter dem Pallaskopfe.
    M. S. — Brit. Museum.

14. Æ 21 Mm., Grm. 8·26. — Wie Nr. 11, mit einer
    Börse? hinter dem Pallaskopfe.

  ℞ Identischen Stempels wie Nr. 13.
      Brit. Museum, abgebildet in Smith's Dict. of
      geography, I, 113; Millingen, Ancient Coins,
      Taf. IV, 2.

---

15. Æ. 17 Mm., Grm. 6·90 und 5·85.—Bartloses Haupt des
    Herakles, mit dem Löwenfell bedeckt, rechtshin.

  ℞ **ΑΛΥΣ** / **ΑΙΩΝ**. Keule, Bogen und Köcher.
      Fox, Uned. gr. Coins, I, Nr. 79. — Num.
      Chron. XVII, 100; beide irrig **ΑΛΥΣΑΙΩΝ**
      gebend.

16. Æ. 12 Mm., Grm. 1·50. — Derselbe Kopf rechtshin.

  ℞ **ΑΛΥΣ** / **ΑΙΩΝ**. Keule.
      Aus der ehemaligen Wigan'schen Sammlung.

17. Æ. 17 Mm., Grm. 4·55. — Pallaskopf rechtshin.

 ℞ **AΛY** unter dem bärtigen, mit dem Löwenfell
  bedeckten Haupte des Herakles rechtshin;
  hinter demselben eine Keule.
   M. S. — Mus. Hunter, Taf. III. 21 und Mionnet,
  Suppl. III, 455, 13.

 Zwei kleine Münzen von zierlicher Arbeit, in Silber
und in Bronze, beide mit dem Artemiskopfe auf der
einen, und einem Bogen und **AΛ** auf der andern Seite.
sind von A. Soutzo, in der Revue num. 1869, S. 175,
Taf. VI, 9 und 10, ebenfalls der Stadt Alyzia zugeschrieben worden. Eine ähnliche Bronzemünze wurde
dagegen im Katalog Lemmé 1872, Taf. I, 157, frageweise
einer Insel Alopekia in der Maiotischen See, an der
Mündung des Don, gegeben. Nach meinem Dafürhalten
gehören die Münzen der arkadischen Stadt Alea, wie
ich dies schon zu dem in meinem „Choix de monnaies
grecques" Taf. III, 82 abgebildeten Exemplare bemerkt
habe. Die Münzen beider Metalle sind unstreitig gleichen
Ursprungs und gleichzeitig (wahrscheinlich aus dem
IV. Jahrhundert v. Chr.). Alopekia kann ohne weitere
Begründung aus der Wahl der Vorschläge wegfallen,
während gegen Alyzia der Umstand spricht, dass die
Silberstücke Obolen aeginaeischen Systems sind,
welche Währung Akarnanien stets fremd geblieben zu
sein scheint. Auch wäre in Uebereinstimmung mit den
übrigen Aufschriftsformen der alyzaeischen Münzen für die
abgekürzte Bezeichnung des Stadtnamens **AΛY** statt **AΛ**
zu erwarten.

Ferner versuchte auch P. Lambros, in A. von Sallet's
Zeitschrift für Numismatik, II, S. 174, Nr. 9, der Stadt
Alyzia eine Silbermünze zu vindicieren, welche ich in
derselben Zeitschrift, I, S. 327 Tiryns zutheilen zu
können geglaubt hatte:

Æ 12 Mm., Grm. 1·12. — Bärtiges Haupt des Herakles,
    mit dem Löwenfell bedeckt, linkshin.

    ℞ In einem vertieften Quadrate ⊓; von dem
        horizontalen Balken des Tan hängt links und
        rechts je eine Weintraube herab.

        Museum Hunter, Taf. LX, 15. — Ein zweites
        Exemplar mit Grm. 1·09 befindet sich im Wiener
        Kabinete, und ist abgebildet in Lud. Müller's
        „Undersøgelse af graeske Mynter, der have
        Tegnet Τ til Typ" 1857, Nr. 11, mit der irrigen
        Gewichtsangabe von Grm. 0·70. Cf. Rev. num.
        1862, S. 301 ff.

Die Richtigkeit meines Vorschlages vermag ich allerdings nicht als unzweifelhaft erwiesen hinzustellen: es
waren mir dafür hauptsächlich die ℞Τ gelesene Aufschrift (Lambros liest Ι℞Τ für τριημιωβόλιον) und die
tirynthischen Bronzemünzen mit dem Herakleskopfe
als Typus,[57] und der Weintraube als Symbol[58]

---

    [57] M. S. und Revue num. 1865, S. 153, mit Abbildung.

    [58] Revue num. 1864, Taf. VII, 1 und Cat. Thorwaldsen,
Taf. II, Nr. 894.

Anhaltspunkte gewesen. Es ist nun aber nicht zu leugnen,
dass das Münzchen, seinem Gewichte und seiner eigen-
thümlichen Aufschriftsform nach, sich der Gruppe kleiner
Silbermünzen mit dem Achelooskopfe, welche mit dem
grossen Tau bezeichnet sind, anschliessen könnte. In diesem
Falle würde ich es vorzugsweise einer akarnanischen
Binnenstadt, oder etwa einem Orte, der nicht mit korinthischen Typen zu prägen pflegte, zuzuweisen suchen; der
Charakter der Münze scheint dies beinahe zu bedingen.
Das Bild des Herakleskopfes allein, dieses überall verbreiteten Typus, kann aber nicht als genügender Grund
für eine Attribution nach Alyzia gelten; ebenso gut könnte
dafür Herakleia, oder Stratos, dessen Prägungen für den
Bund zum Theile auch den Herakleskopf zeigen (Nr. 5),
vorgeschlagen werden. [59] — Auf die akarnanischen
Münzen mit dem grossen T und die Deutung der Aufschrift TRI, — sollte diese als Werthbezeichnung aufzufassen sein, — werde ich unter Stratos zurückkommen.

Anaktorion.

Ca. 630 v. Chr. — Anaktorion, von Korinthern gegründet, wird
gemeinschaftliche Kolonie derselben und der Kerkyraeer.
Skymnos v. Chios, V. 460; Strabon, 452.

---

[59] Ein Stadtname, auf den sich die Buchstaben TIP oder
T P I beziehen liessen, ist aus Akarnanien nicht bekannt, und an
das jenseits des Acheloos gelegene aetolische Trichonion darf
wohl schwerlich gedacht werden. Auch wenn das grosse Tau nicht
in Zusammenhang mit den kleineren Buchstaben PI oder IP
gebracht wird, so ist für letztere kein passender Ortsnamen zu
finden.

432 v. Chr. Die Kerkyraeer werden von den Korinthern verdrängt.
    Thukyd. I, 55.

429 „ „ Anaktorion befindet sich noch auf Seite der Peloponnesier.
    Thukyd. II, 80 und 81.

425 „ „ Die Korinther werden durch die vereinigten Athener und Akarnanen vertrieben, und Anaktorion bleibt von da an akarnanisch.
    Thukyd. IV, 49.

413 „ „ Anaktorion hat athenische Besatzung.
    Thukyd. VII, 31.

In einer meiner frühern Abhandlungen, „Anaktorion, Argos und Lepsimandos" betitelt,[60]) glaube ich nachgewiesen zu haben, dass die mit dem Digamma oder Van bezeichneten Pegasosmünzen nicht der Stadt oder Landschaft Elis, sondern Anaktorion angehören. Ohne gerade wichtige neue Argumente dafür ins Feld führen zu können, halte ich heute noch die Richtigkeit dieser, wie es scheint, unbeachtet gebliebenen Restitution für unanfechtbar, um so mehr, als von den drei damals beschriebenen Silberstatern zwei als irrthümliche Zutheilungen wegfallen, und sich darunter gerade derjenige befindet, welcher noch einigen Anstoss hätte erregen können. Während der in der Num. Zeitschrift III, auf Taf. X, 22 abgebildete Stater aus Leukas stammt, — wie der hinter dem Pallaskopfe sicher zu erkennende, und unter dem Pegasos wiederkehrende Buchstab ⌐ beweist,[61]) — stellt sich bei näherer Prüfung des aus der

---

[60]) Cf. Anm. 10.

[61]) Cf. Postolakka, a. a. O., Nr. 559 und unter Leukas, Nr. 1. — Ein drittes Exemplar befindet sich in der Pariser Sammlung.

Prokesch'schen Sammlung angeführten Stückes Nr. 3
heraus, dass das Original ein schlecht erhaltenes Exemplar
eines in Korinth mit dem ϙ geprägten Staters ist, dessen
Aufschrift hinter dem Pallaskopfe nicht FA, sondern Vꓱ
lautet![62]) Der vierten Münze, welche Ernst Curtius[63])
als vielleicht Elis gehörig, jenen anreiht, soll wohl die
folgende Beschreibung entsprechen:

Æ 20 Mm., Grm. 8·10. — Pallaskopf rechtshin; hinter
demselben ein Adler mit zum Fluge erhobenen
Fittigen, linkshin auf einem Widderkopf stehend,
und rechtshin ausschauend.

R. A. Linkshin fliegender Pegasos.
M. S. — J. P. Six, Grm. 8·60.

Diese Münze kann aber niemals Elis, sondern wohl
nur Ambrakia zugewiesen werden, worauf in erster
Linie das Buchstabenzeichen A hindeutet. Da sie aber
hauptsächlich des Symboles wegen als elisch erklärt
wurde, so ist daraufhin einfach zu bemerken, dass unter
den Hunderten, theils sehr merkwürdiger Beizeichen,
welche den Pegasosstatern eigen sind, gar viele an

---

[62]) Ein in meiner Sammlung befindliches Exemplar dieses
Stückes ist aus den identischen Stempeln, wie das Prokesch'-
sche geprägt, und lässt über die Lesung Vꓱ keinen Zweifel zu.
Auf Varietäten derselben Münze kömmt EV auch rechtläufig vor.
Das Beizeichen „eines bärtigen Kriegers mit einem Speer in
der Rechten", wie v. Prokesch-Osten angibt, ist ebenfalls ganz
unrichtig beschrieben: die Figur mit Spitzbart ist nackt, trägt in
der einen Hand, — oft scheinbar zwischen den Schenkeln, — ein
schief gehaltenes Scepter, das häufig mit Tänien geschmückt
erscheint, und in der anderen Hand ein nicht sicher erkennbares
anderes Attribut, vermuthlich einen Donnerkeil.

[63]) Hermes X, S. 242.

bekannte Lokaltypen erinnern, ohne die Bedeutung solcher
zu haben, und ohne dass sie je die Veranlassung gegeben
hätten, die betreffenden Münzen anders als durch ihre
Schriftzeichen zu deuten. Mag also die Aehnlichkeit des
oben beschriebenen Beizeichens mit einem der Adler-
typen elischer Münzen eine in Gestaltung und Stil noch
so grosse sein, so zwingt sie doch niemals zu der Annahme
eines gemeinsamen Prägortes für die beiden sonst in jeder
Beziehung verschiedenen Münzsorten: aus einer derartigen zufälligen Uebereinstimmung ist etwa auf eine gleichzeitige und gleichartige Kunstrichtung an verschiedenen
Orten, oder auch nur auf eine blosse Nachahmung zu
schliessen.

Mit den berichtigten Attributionen nach Leukas und
Ambrakia sind auch die einzigen Monumente beseitigt,
welche, wären sie wirklich mit **FA** gezeichnet gewesen, ihrer
jüngern Fabrik wegen einen schwachen Anhaltspunkt zu
Gunsten einer Zutheilung nach Elis hätten geben können;
denn die Annahme, dass während des IV. Jahrhunderts
v. Chr. die Bezeichnung des Stadtnamens Anaktorion
ununterschiedlich durch **FA** und **Ꜹ** hätte stattfinden
können, würde allerdings nicht zu den von vornherein
zulässigen gehört haben.

Von der ganzen angeblichen Reihe von Pegasosstatern mit dem Digamma oder **FA**, verbleiben folglich
nur ein Stater und ein Drittelstück, beide a r c h a i s c h e n
S t i l s. Ihrem einfachen Zeichen **F** entsprechen die gleichzeitigen Buchstabenformen **ᖙ** und **ᐱ** von Leukas, **A** von
Ambrakia, **Ǝ** von Epidamnos und **Ϙ** von Korinth, der einzigen Städte, welche ausser dem ebenfalls in früher Zeit
mächtigen Anaktorion alterthümliche Pegasosmünzen auf-

znweisen haben. Dass der Gebrauch des Digamma oder
Vau ein auch im übrigen Akarnanien verbreiteter war,
bezeugen die den Oiniaden zugeschriebenen Silbermünzen, und die oben citirten leukadischen Stater
mit F unter dem Pallaskopfe. Der Inschrift auf der
ehernen Schlangensäule zu Constantinopel, in welcher
auch die FANAKTORIEΣ aufgeführt sind, ist in meinem
frühern Aufsatze gedacht worden; sie beweist, dass auch
anderwärts dem Namen Anaktorion das dialektische Vau
vorgesetzt wurde.

Das folgende Verzeichniss der anaktorischen Münzen
ist aus den Aufzeichnungen entstanden, welche ich gele-
gentlich und ohne bestimmten Zweck in öffentlichen und
privaten Sammlungen gemacht. Anf absolute Vollständig-
keit in der Angabe aller bis jetzt zu Tage getretenen
Varietäten macht es keinen Anspruch. Auch ist es mir
nicht gelungen, in der Anordnung der Gruppen Resultate
zu erreichen, welche in chronologischer Beziehung
durchaus befriedigende zu nennen wären. Es konnte freilich eine nicht unbedeutende Zahl von Fällen constatirt
werden, wo Pegasosmünzen mit verschiedenem Gepräge
auf der einen Seite, einen identischen Stempel auf
der andern aufweisen: ein Umstand, dessen Beachtung
nicht wenig dazu beitrug, die Bildung von Serien gleich-
zeitiger Stater zu erleichtern. Trotzdem war es aber,
wie man sich im weitern Verlaufe der Untersuchung
leicht überzeugen wird, nicht immer möglich, sichere
Anschlüsse und Uebergänge von einer Gruppe zur andern
zu finden.

1 Æ 19 Mm., Grm. 8·05. — Pallaskopf rechtshin, in einem
        vertieften Vierecke.

℞ **F** unter dem rechtshin fliegenden Pegasos, mit einwärts gebogenen Flügeln.

M. S.

2. Æ 20 Mm. — Wie Nr. 1; der Pegasos ist ge zäumt, und das Gepräge etwas weniger alterthümlich.

Consinéry, Essai, S. 185 mit Abbildung; — Ed. de Cadalvène, Recueil, Taf. II, 29.

3. Æ 16 Mm., Grm. 2·81. — Weiblicher Kopf mit Kopfbinde und Halsband, rechtshin, in einem vertieften Quadrate.

℞ **F** unter dem rechtshin fliegenden aufgezäumten Pegasos, dessen Flügel einwärts gekrümmt sind.

M. S.; abgebildet Taf. II, Nr. 4.

Vermuthlich ist dieses Drittelstück ein Exemplar derselben Münze, welche Friedlaender in den Berliner Blättern I, 1863, S. 140 (Grm. 2·55) unter Elis erwähnt, und von welcher er im folgenden Jahrgange der nämlichen Zeitschrift, S. 6 berichtet, er hätte sie zusammen mit einer der von ihm Oiniadai zugeschriebenen Münzen erworben, mit dem Beifügen, dass sie nebst dem Stater (Nr. 1 und 2) der genannten Stadt angehören könnte.

4. Æ 18 Mm., Grm. 8·20. — In einer Vertiefung der Pallaskopf rechtshin; hinter demselben **Ⱥ** und ein Symbol.[64]

℞ **Ⱥ** unter dem rechtshin fliegenden Pegasos, mit spitzen Flügeln.

M. S.

---

[64] Auf einem massiven Griffe ein Kelch, an dessen Mündung eine Schleife befestigt ist. — Der Gegenstand gleicht einem unserer Kinderspielzeuge, dem Becher mit Griff, in welchen man durch Schwingungen eine an einem Bindfaden befestigte Kugel auffängt.

5. Æ 21 Mm., Grm. 8·30. — Pallaskopf rechtshin, darunter
   Æ; hinter demselben, eine rechtshin stehende
   bartlose, nackte Figur (Apollon) mit langem
   Zopf, auf der vorgestreckten rechten Hand ein
   wegfliegender Vogel, in der linken ein Bogen.

   ℞ Æ rechtshin fliegender Pegasos.
   M. S.; abgebildet Taf. II, Nr. 5. — J. P.
   Six, Grm. 8·50.

6. Æ 21 Mm., Grm. 8·50. — Pallaskopf rechtshin; hinter
   demselben, ⅃Α und ein grosses Lorbeerblatt.

   ℞ Æ, rechtshin fliegender Pegasos.
   J. P. Six. — Leake, Num. Hell. Enr. Gr.
   S. 13, Grm. 8·36.

7. Æ 20 Mm., Grm. 8·44. Pallaskopf, mit bekränztem
   Helm, rechtshin; vor ihm ΑΝΑΚ; hinter dem
   Kopfe ein grosses Lorbeerblatt.

   ℞ Identischen Stempels wie Nr. 6.
   Brit. Museum. — W. Froehner in Paris.

8. Æ 15 Mm., Grm. 2·64. — Lorbeerbekränztes Haupt
   des Apollon von vorn, etwas rechtshin
   geneigt; links zur Seite ein grosses Lorbeerblatt; rechts, ΑΚΤ···

   ℞ Æ rechtshin fliegender Pegasos.
   M. S.; abgebildet Taf. II, Nr. 6.

9. Æ 15 Mm., Grm. 2·66. — Gleicher Typus, ohne Beischrift noch Symbol.

   ℞ Æ. Linkshin fliegender Pegasos.
   J. P. Six; abgebildet Taf. II, Nr. 7.

10. Æ 20 Mm., Grm. 8·60. — Pallaskopf mit bekränztem Helme, linkshin; hinter ihm eine Lyra;
vor ihm **AKTIO**.

℞ **ANA**. Linkshin fliegender Pegasos.
Ferd. Bompois in Marzy. — M. S. Grm. 8·50.
Brit. Mus. Grm. 8·10. — Bibl. Athen, Nr. 2101.
— Mionnet, Suppl. III, Taf. XIV, 7. — Leake,
Suppl. S. 113, Grm. 8·50 etc.

11 Æ 20 Mm. — **AKTIO** hinter dem linkshin gewendeten
Pallaskopfe, dessen Helm ohne Bekränzung
erscheint.

℞ **AI**. Linkshin fliegender Pegasos.
Cousinéry, Essai, S. 131 und 133, Taf. II, 10.

12. Æ 15 Mm., Grm. 2·60. — Lorbeerbekränzter Apollokopf mit langen Haaren, linkshin; hinter ihm
ein Dreifuss.

℞ **N**. Linkshin fliegender Pegasos.
M. S.

13. Æ 16 Mm., Grm. 2·65. — **AKT—I—O**. Derselbe Kopf,
linkshin.

℞ **N**. Linkshin fliegender Pegasos.
Photiades-Bey in Athen; abgebildet
Taf. II, 8.

14. Æ 12 Mm., Grm. 1·40. — **AKTI–O**. Derselbe Kopf
linkshin.

℞ Vordertheil des Pegasos mit einwärts gebogenen
Flügeln; darunter **N**.
Brit. Museum; abgebildet Taf. II, Nr. 9.

15. Æ 13 Mm., Grm. 1·26. — Gleicher Kopf linkshin, ohne Beischrift.

    ℞ Ʌ. Gleicher Typus, linkshin.
        M. S. — J. P. Six, Grm. 1·37. — A. von Rauch, Unedirte griech. Münzen 1846, Taf. I, 9. Cf. von Prokesch-Osten, Inedita 1854, S. 271.

16. Æ 10 Mm., Grm. 0·85. — Pegasos mit einwärts ge-bogenen Flügeln, linkshin.

    ℞ Ʌ. Pegasos mit spitzen Flügeln, linkshin.
        Leake, a. a. O., Suppl. S. 113.

17. Æ 9 Mm., Grm. 0·42. — G o r g o n e i o n.

    ℞ Ʌ. Linkshin fliegender Pegasos.
        Berlin.

18. Æ 20 Mm., Grm. 8·71. — **AKTIOY** vor dem rechtshin gewendeten Pallaskopfe mit bekränztem Helme.

    ℞ Ͱ. Linkshin fliegender Pegasos.
        Wien; Eckhel, Num. vet. aneed. Taf. VIII, 13; abgebildet Taf. II, Nr. 10.

19. Æ 17 Mm., Grm. 2·80. — **AKTIAƩ**. Weiblicher Kopf rechtshin, mit Sphendone, Ohrgehäng nnd einem Halsband, an welchem ein Kleinod hängt.

    ℞ Ͱ. Linkshin fliegender Pegasos.
        M. S.; abgebildet in meinem „Choix de Mon-naies grecques" Taf. I, Nr. 36 und hier Taf. II, Nr. 11. — J. P. Six, Grm. 2·55. — Brit Museum, Grm. 2·46.

19a. Æ 16 Mm., Grm. 2·40. — Weiblicher Kopf mit Perlen-
    halsband von vorn, etwas rechtshin geneigt;
    rechts zur Seite **AKTIA(Σ)**.

    ℞ **AI**. Rechtshin fliegender Pegasos.

        Brit. Museum; abgebildet Taf. II, Nr. 12.
        Vgl. den beinahe identischen Drittelstater von
        Leukas, Taf. III, Nr. 12.

Wenn spätere Schriftsteller, wie Plinius, Pomponius
Mela und Stephanus Byzantius eine Stadt Actium
erwähnen, so war darunter nicht eine akarnanische
Ortschaft verstanden, sondern entweder eine Vorstadt von
Nikopolis auf der der nordwestlichsten Spitze Akarnanien's
(Aktion) gegenüber liegenden epeirotischen Küste, oder
das von jener ein wenig weiter nördlich gelegene Aktia-
Nikopolis selbst, [65]) — beides Orte, deren Entstehung und
Blüthe bekanntlich in eine Epoche fallen, die sich nicht
im Bereiche unserer Untersuchungen« befindet. Die
Münzen mit den Aufschriften **AKTIO**, **AKTIOY** und
AKTIAΣ sind also nicht einer Stadt Aktion, sondern,
wie aus ihren Monogrammen unzweideutig hervorgeht,
Anaktorion zuzuschreiben, in deren Gebiet das weit-
berühmte Bundesheiligthum der Akarnanen, der Tempel
des Apollon-Aktios gelegen war. Mit diesem allein
können jene Beischriften in Beziehung gebracht werden.

Der Form **AKTIO**, welcher offenbar nicht wegen
Mangels an Raum ein weiterer Buchstab fehlt, und die also
nicht als eine zufällige Verkürzung von Ἄκτιος, Ἄκτιον
oder Ἀκτίου gelten kann, kömmt ohne Zweifel dieselbe

Bedeutung zu, wie dem **AKTIOY** des scheinbar etwas
jüngern Staters Nr. 18. Da diese Münzen nicht mehr der
Zeit angehören, als der gedehnte ω-Laut gewöhnlich
durch das Omikronzeichen ausgedrückt wurde, so kann
AKTIO nicht für die äolische Genitivform 'Ακτίω stehen.
Das einfache **O** ist demnach als dorische Schreibweise des nicht diphthongischen ου anfzufassen,
wie sie thatsächlich auch durch eine ältere akarnanische
jetzt auf Anaktorion bezogene Inschrift bezeugt wird.[66]
Die nämliche Erscheinung der wechselnden Schreibart ο
und ου finden wir noch um die Mitte des IV. Jahrhunderts
v. Chr. auf den Königsmünzen des dorischen Halikar-
nassos: **MAYΣΣΩΛΛΟ** und **MAYΣΣΩΛΛΟΥ**,
ΓΙΞΩΔΑΡΟ und **ΓΙΞΩΔΑΡΟΥ**; und in Makedonien
und Thrakien beweisen Namen wie **APXEΛΛΟ**,
ΜΟΣΣΕΩ, **ΧΟΡΗΓΟ**, **ΠΥΘΟΔΩΡΟ**. **ΠΑΥΣΑΝΙΩ**
u. s. w., dass ο und ω für ου geschrieben wurden.[67]

Da die Aufschrift 'Ακτίου sowohl vor dem Kopfe der
Pallas als vor demjenigen des Apollon vorkömmt, so
steht sie wohl nicht als Beiname der beiden verschiedenen
Gottheiten, sondern sie scheint eher auf das aktische Heiligthum im Allgemeinen bezogen werden zu müssen.

Anders verhält es sich mit dem Worte **AKTIAΣ**,
einem Femininum im Nominativ. Es bildet die Beischrift
zu einem weiblichen Kopfe, welcher damit wahrscheinlich
als das Bild der personificirten Göttin der aktischen
Festspiele oder als dasjenige des bei den Spielen errun-

---

[66]) C. I. Gr. 1794b; Kirchhoff, Studien zur Gesch. des griechischen Alphabets, dritte Auflage. 1877, S. 95.

[67]) Auf zwei ganz gleichartigen Silbermünzen von Maronela
(m. S.) sind die Varianten **ΔΕΟΝΥΣ** und **ΔΕΟΥΝΥΣ** zu lesen.

genen Sieges, der Ἀκτιάς νίκη, erklärt sein soll. Als Göttinnen der olympischen und pythischen Spiele sind auch
Ὀλυμπιάς und Πυθιάς bildlich dargestellt worden. [68])

Ausser dem Bilde des Apollokopfes und den auf das
aktische Heiligthum bezüglichen Aufschriften, steht auch
die Mehrzahl der auf anaktorischen Münzen erscheinenden
Beizeichen in symbolischer Beziehung zu dem Apollokultus
auf Aktion und den dort gefeierten Spielen: so der Siegeskranz am Helme der Pallas, die Nike, der Palmzweig mit
Tänie, das Lorbeerblatt, der Lorbeerzweig, der Dreifuss, die Lyra, der Omphalos, der Altar, das Thymiaterion, der mit Tänien geschmückte Tempelschlüssel,
der Schädel des Opferstieres, der sogenannte Klingelzug (wie solche ähnlich auf Didrachmen von Kroton am
Dreifusse, [69]) und auf Tetradrachmen von Katana vor dem
Apollokopfe vorkommen, [70]) und Apollon selbst in
alterthümlicher Gestaltung (Nr. 5); ferner der Hahn als
agonistisches Symbol, sowie die Palme und das
Epheu. [71])

Die folgenden Münzen mit dem Monogramme **Ⱥ** sind
ihrer Mehrzahl nach von ziemlich roher Fabrik. Dennoch

---

[68]) Athenaios, 12, 534, *d*. Ein elisches Didrachmon trägt, ebenfalls vor einem weiblichen Kopfe mit der Sphendone, die Beischrift
ΟΛΥΜΠΙΑ (Zeitschrift für Numismatik, II, S. 266). — Vgl. auch
Leukas, Nr. 47, Anm. 101.

[69]) Luynes, Choix de méd. gr., Taf. III, 23; Cat. Brit. Museum,
Italy, S. 349, 66 mit Abb., und S. 351, 76.

[70]) Panofka, Archaeol. Zeitung 1854, S. 251, Taf. LXIX, 7; —
Luynes, a. a. O., Taf. VII, 4; — Cat. Brit. Museum, Sicily, S. 48, 35
mit Abbildung; — L. Stephani, Compte rendu de la Commission Imp.
archéologique, Année 1865, S. 179.

[71]) Gerhard, Griech. Mythologie, §. 312, 5.

machen sie nicht den Eindruck, als ob sie zu den jüngsten
Prägungen gehörten; und da die Form ihres Monogrammes
identisch ist mit derjenigen einiger Stücke der vorstehenden Gruppe, so glaube ich sie dieser anreihen zu
dürfen.

20. Æ 21 Mm. — Pallaskopf rechtshin; auf dem be-
kränzten Helmkessel das Monogramm ⊭.

     ℞   ⋈ Linkshin fliegender Pegasos.
       Berlin.

21. Æ 22 Mm., Grm. 8·35. — Pallaskopf rechtshin; hinter
ihm **A** und ein Palmzweig mit Tänie.

     ℞   ⋈. Linkshin fliegender Pegasos.
       M. S. — J. P. Six, mit identischem Kopfseite-
       stempel.

21ª. Æ 22 Mm., Grm. 8·27. — Pallaskopf linkshin; hinter
ihm ⋈ und ein Palmzweig.

     ℞   ⋈. Linkshin fliegender Pegasos.
       M. S.

22. Æ 22 Mm., Grm. 8·53. — Pallaskopf rechtshin; dahinter
eine Lyra.

     ℞   ⋈ Linkshin fliegender Pegasos.
       Wien.

23. Æ 22 Mm., Grm. 8·43. — Pallaskopf linkshin; dahinter
eine Lyra.

     ℞   ⋈. Linkshin fliegender Pegasos.
       M. S. — J. P. Six.

24. Æ 24 Mm., Grm. 8·60. — Pallaskopf linkshin; darüber
   ein grosser Donnerkeil; hinter dem Kopfe **A**
   und eine Lyra.
   ℞ ♫. Linkshin fliegender Pegasos.
   M. S. — Abgebildet Taf. II, Nr. 13.

25. Æ 22 Mm., Grm. 8·58. — Pallaskopf linkshin; dahinter
   ein grosser niedriger Dreifuss.
   ℞ ♫. Linkshin fliegender Pegasos.
   M. S. — München, Grm. 8·18.

26. Æ 22 Mm., Grm. 8·28. — Wie Nr. 25, nur ist der Dreifuss bedeutend kleiner.
   M. S.

27. Æ 21 Mm., Grm. 8·53. — Pallaskopf linkshin; dahinter
   ♫ und ein mit Tänien geschmückter Tempelschlüssel.
   ℞ Identischen Stempels wie Nr. 26.
   J. P. Six; — Wien, Num. Zeitschrift, III, S. 409,
   Nr. 34, Taf. X, 26, Gr. 8·52; — Paris, Bologna
   u. s. w.

28. Æ 22 Mm., Grm. 8·44. — Wie Nr. 27, mit ⋈ hinter
   dem Kopfe.
   M. S. — Brit. Museum; — Mus. naz. Palermo.

29. Æ 21 Mm. — Hauptseite wie Nr. 27.
   ℞ ♫. Linkshin fliegender aufgezäumter Pegasos mit
   hoch erhobenem Kopfe.
   Brit. Museum.

30. Æ 21 Mm., Grm. 8·42. — Pallaskopf linkshin; dahinter
   ein Palmbaum.
   ℞ Identischen Stempels wie Nr. 29.
   Brit. Museum. — Abgebildet Taf. II, Nr. 14.

31. Æ 21 Mm., Grm. 8·55. — Hauptseite identischen
Stempels wie Nr. 30.

℞ Ӕ. Linkshin fliegender Pegasos.
Wien; — Paris.

32. Æ 20 Mm., Grm. 8·66. — Pallaskopf linkshin; dahinter
eine Kamm-Muschel (pecten).

℞ Wie Nr. 29 und 30, ohne Zaum; identisch mit
Nr. 34ª.
M. S. — Abgebildet Taf. II, Nr. 15.

33. Æ 21 Mm. — Pallaskopf linkshin; dahinter eine
Kamm-Muschel (pecten).

℞ Ӕ. Linkshin fliegender Pegasos.
Wien; — Brit. Museum. — Leake, a. a. O.
S. 14, Grm. 8·16, mit bekränztem Helme.

34. Æ 22 Mm., Grm. 8·48. — Pallaskopf linkshin mit bekränztem Helme; hinter demselben eine Lyra.

℞ Identischen Stempels wie Nr. 33—36.
Wien; abgebildet Taf. II, Nr. 16. — Leake,
a. a. O., S. 14, Gr. 8·22.

34ª. Æ 22 Mm. — Hs. wie Nr. 34.

℞ Identischen Stempels wie Nr. 32.
Mus. Santangelo Nr. 10452.

35. Æ 21 Mm., Grm. 8·56. — Pallaskopf rechtshin; dahinter eine Lyra; vor ihm ein Lorbeerzweig.

℞ Identischen Stempels wie Nr. 33—36.
Wien; abgebildet Taf. II, Nr. 17.

36. Æ 22 Mm., Grm. 7·72. — Pallaskopf rechtshin; dahinter ein Stierschädel.

Ŗ Identischen Stempels wie Nr. 33—35.
Wien.

37. Æ 23 Mm., Grm. 8·55. — Pallaskopf linkshin; dahinter ein Stierschädel.

Ŗ Ƞ. L. fliegender Pegasos.
Wien; — München.

38. Æ 22 Mm., Grm. 8·39. — **ANAKTOPIEΩN**. Pallaskopf rechtshin; dahinter ein Lorbeerblatt.

Ŗ Ƞ. Rechtshin fliegender Pegasos.
Brit. Museum, nach Leake, a. a. O., S. 14; abgebildet in Smith's Dict. of greek and roman Geography, I, 129.

39. Æ 22 Mm., Grm. 8·37. **ANAKTOPIEΩN**. Pallaskopf rechtshin; hinter ihm ein Epheublatt.

Ŗ Linkshin fliegender Pegasos, ohne Monogramm.
München.

40. Æ 23 Mm., Grm. 8·20. — **ANAKTOPIΩN**. Pallaskopf linkshin; hinter demselben ein Stern mit sechs Strahlen.

Ŗ Identischen Stempels wie Nr. 39, 41 und 42,
Bibliothek Athen, Nr. 2103.

41. Æ 23 Mm. — Wie Nr. 40, nur ist die Kopfseite aus einem andern Stempel, und der Stern zählt acht Strahlen.

Mionnet, Suppl. III, Taf. XIV, 8, und Cousinéry, Essai, Taf. II, 11.

42. Æ 22 Mm. — **ΑΡΙΣΤΟΦΥΛΟΣ**. Pallaskopf linkshin;
    dahinter **Ν**.

Ŗ Identischen Stempels wie Nr. 39—41.
    Paris, Millingen, Sylloge S. 55, Taf. III, 29; —
    Cousinéry, Essai, Taf. IV, 3, in einem unvoll-
    kommen erhaltenen und irrig Dyrrachion zu-
    getheilten Exemplare.

Da die Kehrseiten der Münzen Nr. 39 — 42 aus ein und
demselben Prägestempel hervorgegangen sind, so ist
daraus auf die ungefähre Gleichzeitigkeit der Stücke und
des Gebrauchs der Formen 'Ανακτόριος und 'Ανακτοριεύς zu
schliessen.

43. Æ 23 Mm., Grm. 8·55. — **(ΑΝΑΚΤ)ΟΡΙΩΝ**. Pallas-
    kopf rechtshin.

Ŗ **ΕΥ**. Rechtshin fliegender Pegasos.
    M. S. — Abgebildet Taf. II Nr. 18.

44. Æ 21 Mm., Grm. 8·32. — **ΑΝΑΚΤΟΡΙΩΝ**. Pallaskopf
    linkshin mit Helmbusch; hinter dem Kopfe ein
    Dreifuss.

Ŗ Linkshin fliegender Pegasos, mit auf die Brust
    eingezogenem Kopfe (verkappt), rechtshin; dar-
    unter ein Epheublatt.
    Brit. Museum; Leake, a. a. O. S. 14, wo das
    Blatt irrthümlich als Monogramm beschrieben ist.
    Abgebildet Taf. II, Nr. 19.

45. Æ 21 Mm., Grm. 8·24. — **ΑΡΙΣΤΟΦΥΛ(ΟΣ)**. Pallas-
    kopf linkshin, mit bekränztem Helme, ohne
    Schweif; hinter demselben **Ν**.

Ŗ Identischen Stempels wie Nr. 44 und 46.
    Berlin.

46. Æ 20 Mm., Grm. 8·55. — **A**··· über dem Pallaskopfe rechtshin, dessen Helm ohne Schmuck ist;
dahinter ein rechtshin stehender Hahn.

R. Identischen Stempels wie Nr. 44 und 45.
M. S. Abgebildet Taf. II, Nr. 20. — Mus.
Santangelo, Catalogo Nr. 11052, Gr. 8· 34, aus
den gleichen Stempeln.

46ª. Æ 22 Mm., Grm. 7·90. — Pallaskopf rechtshin; darunter **Ø** und ein Pflug.

R Identischen Stempels, wie Nr. 44—46.
Mus. Palermo.

Wie die Münzen Nr. 39—42, haben wiederum die
Nr. 44—46 einen gemeinschaftlichen Kehrseitestempel aufzuweisen. Das Pegasosbild des letztern
erinnert an ein ähnliches der Stadt Leukas (Nr. 38—40).
In beiden Reihen dieser anaktorischen Stater kömmt je ein
Stück mit dem Namen Ἀριστόφυλος und dem Monogramme **Ø**
statt des sonst vollständig ausgeschriebenen Stadtnamens
vor. Die ganze Gruppe Nr. 38—46 kann daher nur einem verhältnissmässig kurzen Zeitraume angehören, trotz der auf-
fallenden Verschiedenheit der einzelnen Stücke hinsichtlich
Aufschriften, Helmschmuck, Symbole und künstlerischer
Ausführung. Es beweist dies nur, wie schwer es mitunter
hält, nach dem blossen Aussehen der Münzen diese chronologisch genau zu ordnen, und wie nothwendig für derartige
Versuche die Vereinigung möglichst vieler Originalien und
Copien, und die Prüfung und Vergleichung aller ihrer
Stempel sind.

47. Æ 21 Mm., Grm. 8·20. — Λ Ω T O.? über dem Pallas-
    kopfe rechtshin; hinter ihm, Ⱥ und eine rechts-
    hin schreitende Nike, welche mit beiden Händen
    eine Tänie hält.

   ℞ Ⱥ Rechtshin fliegender Pegasos, mit auf die Brust
    eingezogenem Kopfe.
    Brit. Museum.

48. Æ 21 Mm., Grm. 8·58. — EΓI über dem Pallaskopfe
    rechtshin; dahinter, ein Garneelenkrebs
    (crangon).

   ℞ ⱠA. Rechtshin fliegender Pegasos mit gesenktem
    Kopfe.
    Brit. Museum; — Leake, a. a. O. S. 13,
    Grm. 7·86, ohne Angabe des Beamtennamens.

49. Æ 21 Mm., Grm. 8·71. — Pallaskopf rechtshin; dar-
    über E und (Γ?); darunter I, (EΓI?); hinter dem
    Kopfe ⱠA und ein Gorgoneion.

   ℞ ⱠA Rechtshin fliegender Pegasos mit erhobenem
    Kopfe.
    Brit. Museum; — J. P. Six, Gr. 8·30, aus
    anderen Stempeln.

50. Æ 21 Mm. — EYAN. Pallaskopf rechtshin; darunter Ⱥ;
    hinter dem Kopfe auf einer Basis eine ithyphal-
    lische bärtige Herme mit Petasos rechtshin, in
    der rechten Hand einen Zweig haltend.

   ℞ Rechtshin fliegender Pegasos.
    Paris; Raoul-Rochette, Monumenti dell' Insti-
    tuto archeologico 1830, Taf. XIV, 13.

51. Æ 21 Mm., Grm. 8·13. — Pallaskopf rechtshin; dahinter
 eine Eule.

 ℞ Ν Rechtshin fliegender Pegasos.
  Leake a. a. O. S. 13.

52. Æ 22 Mm., Grm. 8·20. — Pallaskopf linkshin; dahinter
 Ν und ein Kranz.

 ℞ Ν. Linkshin fliegender Pegasos.
  Mionnet, Suppl. III, 457, 22.

53. Æ 22 Mm., Grm. 8·18. — Wie Nr. 52, mit Ϟ im Kranze.
  T. Combe, Mus. Brit. S. 120, 2; — Leake,
  a. a. O. S. 14, Gr. 8·06, mit ΛΑ.

54. Æ 22 Mm. — Wie Nr. 52, mit ΣΙ im Kranze.
  Cousinéry, Essai, Taf. II, 19.

55. Æ 22 Mm., Grm. 8·35. — Pallaskopf rechtshin; darunter
 Ν; hinter demselben Σ und ein Dreifuss, auf
 dessen Basis ΑΝΑ steht.

 ℞ Α. Rechtshin fliegender Pegasos.
  M. S.; — J. P. Six; cf. T. Combe, Mus. Brit.
  S. 120, 5, ohne Angabe der Basisinschrift.

56. Æ 22 Mm., Grm. 8·49. — Pallaskopf rechtshin; dahinter in einem Kranze ein Dreifuss, auf
 dessen Basis ΑΝΑ steht.

 ℞ Ν. Rechtshin fliegender Pegasos.
  Leake, a. a. O. S. 13; — Wien, Berlin.

57. Æ 22 Mm., Grm. 8·50. — Pallaskopf rechtshin; dahinter Ν und ein Dreifuss in einem Lorbeerkranze.

 ℞ Α. Rechtshin fliegender Pegasos.
  M. S.

58. Æ 22 Mm., Grm. 8·18. — Hauptseite ähnlich der
vorigen.

℞ Ʌ. Rechtshin fliegender Pegasos.
M. S; — T. Combe, Mns. Brit. S. 120, 4,
Gr. 8·59; — Mionnet, I, 322, 1030, mit Ʌ.

59. Æ 22 Mm. Gr. 8·50. — Wie Nr. 58, mit Ʌ im ℞.
J. P. Six.

60. Æ 22 Mm., Grm. 8·35. — Pallaskopf rechtshin; dahinter Ʌ und ein Dreifuss in einem Lorbeerkranze, dessen Zweige über dem Dreifusse
zusammengebunden sind.

℞ Ʌ. Rechtshin fliegender Pegasos.
M. S.

61. Æ 22 Mm., Grm. 8·40. — Hauptseite identischen
Stempels mit Nr. 60.

℞ ᴠɅ Linkshin fliegender Pegasos.
J. P. Six.

62. Æ 22 Mm., Grm. 8·41. — Pallaskopf rechtshin; dahinter Ʌ und ein Dreifuss ohne Kranz.

℞ Ʌ. Rechtshin fliegender Pegasos.
M.S; — Mionnet, Suppl. III, 456, 15, angeblich
mit Ʀ hinter dem Pallaskopfe; — Leake, a. a. O.
S. 13, Gr. 8·48.

63. Æ 22 Mm. — Aehnlich Nr. 62, mit ᴠɅ im ℞.
J. P. Six.

64. Æ 21 Mm., Grm. 8·40. — Pallaskopf rechtshin; hinter
ihm, ᴠɅ und ein Dreifuss.

℞ Ʌ Linkshin fliegender Pegasos.
M. S; — Mionnet, Suppl. III, 457, 21.

65. Æ 21 Mm. — Pallaskopf rechtshin; dahinter ein D r e i -
f u s s.

   ℞ ᴀ. Rechtshin fliegender Pegasos.
     Mionnet, I, 322, 1029.

66. Æ 20 Mm., Grm. 8·54. — Pallaskopf linkshin; hinter
demselben, ᴀᴀ und ein D r e i f u s s.

   ℞ ᴀ. Linkshin fliegender Pegasos.
     J. P. Six.

67. Æ 20 Mm., Grm. 8·49. — Pallaskopf linkshin; dahinter
ᴀ und ein D r e i f u s s.

   ℞ ᴀɴ. Linkshin fliegender Pagasos.
     M. S; — J. P. Six.

68. Æ 20 Mm., Grm. 8·10. — Wie Nr. 67, mit ᴀ hinter dem
Pallaskopfe.
     Leake, a. a. O., S. 14; — Cousinéry, Essai,
     Taf. II. 16; — J. P. Six.

69. Æ 20 Mm. — Pallaskopf linkshin; hinter ihm, ᴀ und
ein D r e i f u s s.

   ℞ ᴀ. Rechtshin fliegender Pegasos.
     Mionnet, Suppl. III, 457, 20; Cousinéry, Essai,
     Taf. II, 15.

70. Æ 20 Mm. — Wie Nr. 69, mit ᴀ im ℞.
     Wien.

71. Æ 21 Mm., Grm. 7·82.— Pallaskopf linkshin; darunter
Ξ; hinter dem Kopfe, ᴀ und ein D r e i f u s s.

   ℞ ᴀɴ. Linkshin fliegender Pegasos.
     J. P. Six.

72. Æ 20 Mm., Grm. 8·18. — Wie Nr. 71, mit Ɐ unter
    dem rechtshin fliegenden Pegasos.
>   T. Combe, Mus. Brit. S. 120, 1; — Bibl. des
>   Vaticans.

73. Æ 20 Mm., Grm. 8·23. — Pallaskopf linkshin; dahinter
    Ⱥ und ein D r e i f u s s in einem K r a n z e, dessen
    Zweige o b e n zusammengebunden sind.
    ℞ Ⱥ. Linkshin fliegender Pegasos.
>   M. S.

74. Æ 20 Mm. Wie Nr. 73, mit Ɐ im ℞.
>   J. P. Six.

75. Æ 20 Mm., Grm. 8·35. — Pallaskopf linkshin; hinter
    demselben Ⱥ und eine L y r a.
    ℞ Ⱥ. Linkshin fliegender Pegasos.
>   M. S.; — Cousinéry, Essai, Taf. II, 17; — cf.
>   Leake, a. a. O. Suppl. S. 113, Gr. 8·55, ohne das
>   Monogramm der Hauptseite.

76. Æ 21 Mm., Grm. 8·37. — Pallaskopf linkshin; dahinter
    Ⱥ und der Omphalos.
    ℞ Scheinbar i d e n t i s c h e n S t e m p e l s mit Nr. 75.
>   M. S.; — Mionnet, Snppl. III, 456, 14; — Cousi-
>   néry, Essai, Taf. II, 18; — Leake, a. a. O. S. 13
>   und 14, Gr. 8·61.

---

77. Æ 22 Mm., Grm. 8.36. — Pallaskopf linkshin; dahinter
    ΔΩ und ein b r e n n e n d e r Altar.
    ℞ ΑΝ. Linkshin fliegender Pegasos.
>   J. P. Six.

78. Æ 22 Mm., Grm. 8·55. — ΑΓΙ. Pallaskopf linkshin;
    dahinter Δ Ω und ein brennender Altar.

℞ Ν. Linkshin fliegender Pegasos.
    J. P. Six; — m. S. Grm. 8·24; — T. Combe,
    Mus. Brit. S. 120, 3, Grm. 7·99.

79. Æ 22 Mm. Hauptseite wie Nr. 78; auf dem Helm-
    kessel ist das Monogramm von Ambrakia ⅍
    eingestempelt. [72])

℞ Α. Linkshin fliegender Pegasos.
    Paris; Raoul-Rochette,. Monumenti dell' Inst.
    archeol. 1830, Taf. XIV, 5; cf. Mionnet, Suppl. IV,
    131, 892, wo wohl aus Versehen ΑΡΙ steht.

80. Æ 21 Mm., Grm. 8·10. — ΑΡΙ. Pallaskopf linkshin;
    darunter Ν; hinter dem Kopfe, Δ Ω und ein
    brennender Altar.

℞ Ν. Linkshin fliegender Pegasos.
    J. P. Six.

81. Æ. 22 Mm., Grm. 8·20. — Hauptseite wie Nr. 80,
    ohne Ν.

℞ ΙΑ Linkshin fliegender Pegasos.
    M.S. — Cousinéry, Essai, Taf. II, 12; — Leake,
    a. a. O. S. 14, Gr. 8·40.

82. Æ 22 Mm. — Wie Nr. 81. mit Ν im ℞.
    Mionnet, I, 322, 1032, und Suppl. III, 456,
    16 und 17; die Lesung ΑΓΙ auf Nr. 16 ist irrig.

---

[72]) Mit der nämlichen Contremarke wurden Stater von Metropolis (Nr. 2) und Thyrreion (Nr. 14) gestempelt.

83. Æ 22 Mm., Grm. 8·27. — **API**. Pallaskopf linkshin;
dahinter **Δ Ω** und ein unerklärtes Symbol
(Form c).

     ℞ **AI**. Linkshin fliegender Pegasos.
         J. P. Six.

84. Æ 15 Mm., Grm. 2·51. — Schmuckloser weiblicher
Kopf, linkshin; darunter **API**; hinter demselben
ein Kranz.

     ℞ **AI**. Linkshin fliegender Pegasos.
         Brit. Museum.

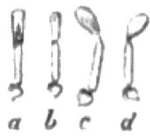

a   b   c   d

85. Æ 22 Mm., Grm. 8·57. — **EΓI**. Pallaskopf linkshin;
dahinter **AI** und ein unerklärtes Symbol (Form
a, b); unter dem Kopfe **Δ Ω** und **Ӕ**.

     ℞ **IA**. Linkshin fliegender Pegasos.
         M. S.; — J. P. Six, Grm. 8·55; — Mus. Hunter,
     Taf. XXIV, 10, Grm. 8·42.

86. Æ 22 Mm. — Wie Nr. 85, mit **AI** im ℞.
         J. P. Six.

87. Æ 20 Mm., Grm. 8·37. — **EΓI**. Pallaskopf linkshin;
darunter **Δ Ω**; hinter ihm dasselbe Symbol
(Form c).

     ℞ **IA**. Linkshin fliegender Pegasos.
         M. S.

88. Æ 21 Mm., Grm. 8·35. — E⌐I. Pallaskopf linkshin;
dahinter ΔΩ und dasselbe Symbol (Form *d*).

℞ IA. Linkshin fliegender Pegasos.

M. S; — J. P. Six, wo das Symbol die Form von
c hat; — Mus. Hunter, S. 137, 2; — cf. Mionnet,
Suppl. III, 456. 88, mit angeblich rechtshin
gewendetem Pallaskopfe.

89. Æ 22 Mm., Grm. 8·50. — Pallaskopf linkshin; dahinter
E⌐I und dasselbe Symbol (Form *c*).

℞ IA. Linkshin fliegender Pegasos.

J. P. Six.

90. Æ 15 Mm., Grm 2·40. Weiblicher Kopf mit Ohrgehäng und Halsband, linkshin; das Haar ist von
einer Binde mehrfach umschlungen; darunter
E⌐I.

℞ A/. Linkshin fliegender Pegasos.

M. S.; — Cf. Cousinéry, Essai, Ligue achéenne,
Taf. II, 23.

91. Æ 15. Mm., Grm. 2·63. — Weiblicher Kopf mit Stephane, linkshin; hinter ihm E⌐ (I).

℞ Identischen Stempels wie Nr. 90.

Brit. Museum; abgebildet Taf. II, Nr. 21.
— J. P. Six, Gr. 2·40.

92. Æ 22 Mm., Grm. 8·42. — KΛE. Pallaskopf linkshin;
darunter Æ; hinter demselben, Ⰰ und ein Stierschädel mit Tänie von vorn.

℞ Ⰰ. Linkshin fliegender Pegasos.

M. S.; — Mus. Hunter, Taf. XVIII, 9, Grm. 8·26;
— Mionnet, Suppl. IV, 258, 136, unter Kleonai; —

Leake, a. a. O. S. 14, Grm. 8·53; — v. Prokesch-
Osten, Inedita 1854, S. 271/2, wo wiederholt **H**
für **Ν** und **Я** für **Α** gelesen und eine Vereinsmünze von Herakleia, Argos und Anaktorion ge-
schaffen wird!

93. Æ 21 Mm., Grm. 8·38. — **ΚΛΕ**. Pallaskopf linkshin;
dahinter **Ν** und dasselbe Symbol.

    ℞   **Ν**. Linkshin fliegender Pegasos.
      M. S.

94. Æ 21 Mm., Grm. 8·45. — **ΚΛΕΟ**. Pallaskopf linkshin;
vor ihm **Ν**; dahinter dasselbe Symbol.

    ℞   **Ν**. Linkshin fliegender Pegasos.
      M. S.

95. Æ 21 Mm., Grm. 8·50. — **ΛΥΣ**. Pallaskopf linkshin;
darunter **Α**; hinter dem Kopfe **Ν** und ein Thymiaterion.

    ℞   Identischen Stempels wie Nr. 94.
      M. S.

96. Æ 21 Mm., Grm. 8·02. — **ΙΣΥΛ**. Pallaskopf linkshin; dahinter **Ν** und ein Thymiaterion.

    ℞   **Ν**. Linkshin fliegender Pegasos.
      J. P. Six.

97. Æ 21 Mm., Grm. 8·52. — Wie Nr. 96 mit **ΛΥΣΙ**.
      M. S.; — Mionnet, Suppl. III. 456, 19; —
      Mus. Hunter, Taf. XXXIV, 3; Cousinéry, Essai,
      Taf. II, 14; — Leake a. a. O. S. 14, Grm. 8·57.

98. Æ 20 Mm., Grm. 8·50. — **ΝΑΥ**. Pallaskopf linkshin;
darunter **Α**; hinter dem Kopfe **Ν** und ein Strang

mit dicken Knoten (vier, zuweilen fünf), an dessen
oberem Ende sich ein Ring zum Einhängen, am
untern eine glockenförmige Troddel befindet
(ähnlich einem Klingelzuge). [73])

ℬ **ℳ.** Linkshin fliegender Pegasos.

M. S.; — Mus. Hunter, Taf. XXXIX, 8; —
Mionnet, Suppl. III, 483, 54; — Consinéry, Essai,
Taf. II, 13; — Leake, a. a. O., S. 14, Grm. 8·42;
— J. P. Six, Grm. 8·60.

Die Münzen Nr. 77—98, deren abgekürzte Magistratsnamen früher irrigerweise als Städtenamen (Epidamnos,
Kleonai, Lysimachia, Naupaktos) ausgelegt wurden, bilden
eine Gruppe kurz auf einander folgender Prägungen, von
denen diejenigen mit **ΚΛΕΟ** und **ΛΥΣΙ**, für welche zum
Theil der gleiche Stempel mit dem Pegasos benutzt worden
(Nr. 94 und 95), die jüngsten, und überhaupt die letzten
Anaktorions von dieser Gattung zu sein scheinen. Neben
den Aufschriften **ΑΓΙ**, **ΑΡΙ** und **ΕΓΙ** erscheinen fast regel-
mässig die Buchstaben **ΔΩ**, und neben **ΕΓΙ**, **ΚΛΕΟ**,
ΛΥΣΙ und **ΝΑΥ** das Monogramm **Ⱥ**, was ich nur dess-
wegen hervorhebe, weil auf Statern gleichen Stils von
Thyrreion und Leukas die Namen **ΕΓΙ** und **Ⱥ**, und
ΑΡΙ und **Ⱥ** ebenfalls zu treffen sind, und daraus vielleicht
zu schliessen ist, dass mit diesen Namen Beamte des
Bundes, und nicht der Gemeinden bezeichnet wurden.

99. Æ. 19 Mm., Grm. 5. — Lorbeerbekränzter Apollokopf
mit langen Haaren, linkshin.

℞ **A—NA—K** über einer siebensaitigen Lyra; links
im Felde ein Thymiaterion.

    M.S.; — Modena; — cf. Mionnet, Suppl. III, 457,
26, nach Wiczay, Mus. Hedervar. Taf. XV, 326.

100. Æ. 20. Mm. — **ΛΥΣΙ** vor dem Apollokopfe linkshin.

℞ **ANAKTOPIEΩN**. Typus und Symbol wie Nr. 99.
Brit. Musenm; — Berlin aus der Prokesch'schen
Sammlung; — cf. Gessner, Taf. XLVII, 36 und
Sestini, Lettere, VIII, S. 45, mit **ΛΥΣ** hinter dem
Kopfe.

101. Æ. 17 Mm., Grm. 3·75. — Lorbeerbekränzter Apollokopf
von vorn, etwas rechtshin geneigt; links im Felde
ΛIΑ; rechts ein Dreifuss. Perlkreis.

℞ Behelmter? und gepanzerter Reiter mit gesenkter
Lanze rechtshin sprengend; unter dem Pferde
Spuren eines Buchstabens oder Monogramms.
    M. S.; abgebildet Taf. I, Nr. 6.

102. Æ 17 Mm., Grm. 3·85. — Derselbe Kopf zwischen **ΛI**
links und einem Dreifusse rechts. Perlkreis.

℞ Wie Nr. 101.
    M. S.

103. Æ 15 Mm., Grm. 3·90. — Derselbe Kopf zwischen **ΛI**
rechts und einem Dreifuss links. Perlkreis.

℞ Wie Nr. 101, mit **Λ** unter dem Pferde.
    M. S.; — abgebildet Taf. I, Nr. 7.

104. Æ 15 Mm. — Hauptseite identischen Stempels
wie Nr. 103.

ℬ ΛΥ—ΣΙ unter dem Reiter rechtshin.
München.

Consinéry, aus dessen Sammlung das letzte Stück
stammt, hat das Monogramm ℳ auf Antigoneia gedeutet.
Sestini (Lettere cont., VII, S. 75/76, Taf. II, 23) glaubte
diese Bestimmung der Münze berichtigen zu sollen, setzte
an die Stelle des etwas vernutzten Dreifusses die Buchstaben ΑΛΕΞ, und unter den Reiter ΛΥΣΑ, und berei-
cherte dadurch die Serie von Alexandria-Troas!

Alle diese Bronzemünzen, von denen die grösseren als
Beizeichen ein Thymiaterion führen, scheinen den Statern
Nr. 95—97, mit ΛΥΣΙ und Thymiaterion, zur Seite zu
stehen.

Von den von Mionnet in sein Verzeichniss anakto-
rischer Münzen aufgenommenen Nr. 23 und 24 (Suppl. III,
S. 457) gehört die erstere unter die akarnanischen Gaumünzen, die zweite der Insel Anaphe.

Graf von Prokesch-Osten (Inedita 1854) schrieb Anaktorion noch die folgende Kupfermünze zu:

Æ 19 Mm. — Poseidonkopf mit Diadem, rechtshin.

ℬ ϙℳ. Bellerophon auf dem Pegasos rechtshin.

Von den verschiedenen Geprägen dieser Sorte habe
ich mir die folgenden Zeichen notirt:

Αϙ, m. S.
Νϙ ꜟ v. Prokesch-Osten, Abhandl. der Berliner Akademie,
Νϙ⊙ꜞ 1845, S. 87, Taf. II, 34, wo das ϙ als ℙ dargestellt ist.

ⱵP ꟼ,　m. S.

ꟼ ꟼ,　München.

A ꟼ,　im Handel.

K ꟼ,　„　„

COR,　A. von Sallet, „Die antiken Münzen der Oberlau-
　　　　sitzischen Gesellschaft der Wissenschaften 1864“,
　　　　S. 3.

Selbstverständlich sind diese ohnehin späten Prägungen Korinth zuzuschreiben, und nicht als Vereinsmünzen
von Korinth und akarnanischer Städte aufzufassen.

Argos-Amphilochikon.

— Gründung unbestimmt; bewohnt war Argos zuerst von Amphi-
　　lochern, einem epeirotischen Volksstamme.
　　Thukyd. II, 68; Strabon. 321, 326, 426.

— Ambrakioten werden Mitbewohner von Argos und vertreiben
　　nach einiger Zeit die Amphilocher.
　　Thukyd. II, 68.

432 v. Chr. — Mit Hilfe der Athener bemächtigen sich die Amphi-
　　locher und Akarnanen wiederum der Stadt, die sich dem
　　akarnanischen Bunde anschliesst.
　　Thukyd. a. a. O.

430 „ „ — Vergeblicher Versuch der Ambrakioten, sich der
　　Stadt wieder zu bemächtigen.
　　Thukyd. a. a. O.

426 „ „ — Die Ambrakioten und Lakedaemonier werden aber-
　　mals von den verbündeten Akarnanen und Athenern vor
　　Argos zurückgeschlagen.
　　Thukyd. III, 105—114.

Im III. Jahrhundert v. Chr., wahrscheinlich nach 270, wird die
    Amphilochia aetolisch.

       Livius XXXVIII, 3; Polybios, 17, 5; 22, 8 und 13.

In das folgende Verzeichniss sind nur diejenigen
Pegasosstater aufgenommen, welche ihren Aufschriften
zufolge sicher dem amphilochischen Argos gegeben werden
können; die nur mit **A** bezeichneten Stücke, von denen
einige in Argos geprägt sein mögen, finde ich, seltene
Fälle ausgenommen, angemessener, Ambrakia zu belassen.

1. $\mathcal{N}$ 21 Mm., Grm. 8·36. — In einem vertieften Vierecke
    ein Pallaskopf rechtshin; hinter demselben ein
    Donnerkeil.

    ℞ Linkshin fliegender Pegasos mit spitzen Flügeln;
    darunter **AP**. [74])

      M. S.

2. $\mathcal{N}$ 20 Mm., Grm. 7·85. — In einem vertieften Vierecke
    ein Pallaskopf rechtshin; dahinter **A**; vor dem
    Kopfe ein linkshin springender Hund.

    ℞ Rechtshin fliegender Pegasos.

      M. S. — Cf. Raoul-Rochette, Monumenti dell'
    Inst. archeol. 1830, Taf. XIV, 8.

3. $\mathcal{N}$ 22 Mm. — **APΓΩN** vor dem Pallaskopfe rechtshin.

    ℞ Linkshin fliegender Pegasos; darunter ein rechts-
    shin liegender Hund.

      Cousinéry, Essai, Taf. III, 2.

---

[74] Von dem zweiten Buchstaben ist allein der senkrechte
Strich deutlich.

4. Æ 22 Mm., Grm. 8·48. — **ΑΡΓΕΩΝ** vor dem Pallaskopfe rechtshin.

℞ **ΑΡ** zwischen dem rechtshin fliegenden Pegasos
und dem darunter rechtshin liegenden Hunde.
Wien; cf. Eckhel, Num. vet. anecd. Taf. VIII,
20, S. 125, = Mionnet, Suppl. III, 459, 36, mit
ΑΡΓΙΩΝ statt **ΑΡΓΕΩΝ**, wie das Original
zeigt; Hs. abgebildet Taf. III, Nr. 1. — Brit.
Museum, Grm. 8·32 und 8·10.

5. Æ 21 Mm., Grm. 7·85. — Pallaskopf rechtshin; vor ihm
ΑΡ···· und der Vordertheil eines springenden Hundes rechtshin; hinter dem Kopfe ein
verwischtes Symbol, wahrscheinlich ein Dreifuss.

℞ Identischen Stempels wie Nr. 4 und 6.
M. S.; abgebildet in meinem „Choix de monnaies grecques", Taf. I, Nr. 37.

6. Æ 22 Mm. — Pallaskopf rechtshin; dahinter ein Dreifuss.

℞ Identischen Stempels wie Nr. 4 und 5.
Brit. Museum. — Privatsammlung.

7. Æ 21 Mm., Grm. 8·50. — **ΑΡΓΕΙ** unter dem Pallaskopfe rechtshin; hinter ihm ein Dreifuss.

℞ **Α** zwischen dem rechtshin fliegenden Pegasos und
dem darunter rechtshin liegenden Hunde, dessen
Kopf hier rundlicher und dessen Ohren kürzer
sind als auf den vorigen Münzen.

Bibliothek Athen. — Museum naz. Neapel Nr. 6933. — Brit. Museum, Grm. 8·23; ℞. abgebildet Taf. III, Nr. 3. — Cf. Raoul-Rochette, a. a. O. Taf. XIV, 7, wo H? unter dem Kopfe statt der Aufschrift.

8. Æ 21 Mm., Grm. 8·63. — **ΑΡΓΕΩΝ** vor dem Pallaskopfe rechtshin; dahinter ein Weizenkorn.

  ℞ **ΑΡ.** Pegasos und Hund mit Halsband rechtshin, wie auf Nr. 4—6.
    Mus. Palermo; — Brit. Museum.

8ª. Æ 20 Mm., Grm. 8·34 — **ИΩƎꓶА** vor dem Pallaskopfe linkshin; hinten ein Weizenkorn.

  ℞ Identischen Stempels wie Nr. 8.
    M. S. ℞. abgebildet Taf. III, Nr. 2.

9. Æ 21 Mm. — **ΑΡΓΕΙΩΝ** vor dem Pallaskopfe rechtshin; dahinter eine rechtshin fliegende Taube.

  ℞ Linkshin fliegender Pegasos.
    Brit. Museum, abgebildet in Smith's Dict. of gr. et rom. Geography, I, 208.

10. Æ 20 Mm., Grm. 8·57. — **ΑΡΓΕΙ** vor dem Pallaskopfe linkshin; dahinter ein Helm mit Schweif linkshin.

  ℞ Linkshin fliegender Pegasos; darunter ein grosser Hundskopf linkshin.
    M. S. ℞. abgebildet Taf. III, Nr. 4. — Cousinéry, Essai, Taf. III, 3; Mionnet, Suppl. III, 458, 31, ohne Aufschrift.

11. Æ 20 Mm., Grm. 8·51. — Wie Nr. 10, mit kleinem
    Hundskopf.
    　　　J. P. Six.

12. Æ 20 Mm., Grm. 8·52. — Hauptseite wie Nr. 10.
    　℞ A, zuweilen A. Linkshin fliegender Pegasos.
    　　　M. S. — Cousinéry, Essai, Taf. III, 4; —
    　　　Mionnet, II, 81, 15.

13. Æ 21 Mm., Grm. 8·37. — APΓEIΩN. Pallaskopf links-
    hin; dahinter ein Polyp.
    　℞ A. Linkshin fliegender Pegasos.
    　　　J. P. Six.

14. Æ 20 Mm., Grm. 8·48. — Wie Nr. 13, mit APΓEI.
    　　　J. P. Six. — Brit. Museum. — Mionnet, II,
    　　　81, 16.

15. Æ 22 Mm., Grm. 8·30. — APΓEI vor dem Pallas-
    kopfe linkshin; dahinter ΔI und ein ovaler
    Schild mit Armriemen.
    　℞ A. Linkshin fliegender Pegasos.
    　　　M. S. — Mionnet, Suppl. III, 459, 35.

16. Æ 22 Mm., Grm. 8·50. — Pallaskopf linkshin; hinter
    demselben ΔI und ein ovaler Schild mit
    Armriemen.
    　℞ A. Linkshin fliegender Pegasos.
    　　　M. S. — Cousinéry, Essai, Taf. III, 6.

17. Æ 21 Mm., Grm. 8·30. — Wie Nr. 16, mit AP im ℞.
    　　　M. S. — Six, Grm. 8·48. — Cousinéry, Essai,
    　　　Taf. III, 7. — Cf. Mionnet, Suppl. III, 458, 33,
    　　　und Sestini, Mus. Fontana, III, Taf. III, 8.

18. Æ 24 Mm., Grm. 8·50. — Pallaskopf linkshin; darunter
ΔΙ; hinter dem Kopfe AP und der ovale Schild
mit Riemen.

℞ A. Linkshin fliegender Pegasos.
M. S. — Cousinéry, Essai, Taf. III, 5. —
Mionnet, Suppl. III, 459, 34.

19. Æ 22 Mm., Grm. 8·45. — Pallaskopf linkshin; vor ihm
AP; dahinter ΔΙ und der Schild mit Arm-
riemen.

℞ A. Linkshin fliegender Pegasos.
J. P. Six. — Leake, a. a. O. S. 18, Grm. 8·07.
Mionnet, Suppl. III, 458, 32.

20. Æ 21 Mm., Grm. 8·07. — Wie Nr. 19, mit APΓ vor
dem Kopfe.
J. P. Six.

21. Æ 20 Mm., Grm. 7·75. — Pallaskopf linkshin; dahinter
A und der ovale Schild mit Riemen.

℞ A. Linkshin fliegender Pegasos.
M. S. — J. P. Six, Grm. 8·37.

22. Æ 20 Mm., Grm. 8·53. — Wie Nr. 21, ohne A hinter
dem Pallaskopfe.
J. P. Six.

23. Æ 22 Mm., Grm. 8·20. — Pallaskopf linkshin; darunter
A, hinter dem Kopfe ein Donnerkeil.

℞ A. Linkshin fliegender Pegasos.
M. S. — Mionnet, Suppl. III, 458, 29. — Mus.
Santangelo Nr. 10481, mit der eingeritzten
Inschrift ΣΥΡΑΚΟ.

24. Æ 22 Mm., Grm. 8·40. — Pallaskopf linkshin; darüber
   A; hinter dem Kopfe ein geflügelter Donnerkeil.

   ℞ A. Linkshin fliegender Pegasos.
       M. S.

Ihrer Fabrik nach passen die beiden letzten Stücke
in die argivische Serie und nicht in diejenige Ambrakia's.

---

25. Æ 21 Mm. — AMΦIΛoXΩN vor dem Pallaskopfe
   linkshin; dahinter eine Lanzenspitze.

   ℞ Linkshin fliegender Pegasos.
       Nach einer Schwefelpaste bei P. Lambros.

26. Æ 22 Mm., Grm. 7·60. — AM. Pallaskopf linkshin;
   dahinter eine Lanzenspitze.

   ℞ A. Linkshin fliegender Pegasos.
       J. P. Six.

27. Æ 22 Mm., Grm. 8·20. — Wie Nr. 26, mit A neben
   der Lanzenspitze.

       J. P. Six. — Cf. Mionnet, Suppl. III, 459, 39,
   nach Wiczay, Mus. Hedervar. Nr. 3606 und
   Sestini, Mus. Hedervar. II, 51, 1 oder 2, alles
   abweichende Beschreibungen ein und desselben
   Stückes.

28. Æ 22 Mm., Grm. 8·17. — AMΦIΛO vor dem Pallaskopfe linkshin; dahinter ABP und ein Speer
   mit Wurfschleife (μεσάγκυλον).

   ℞ A. Linkshin fliegender Pegasos.
       J. P. Six.

29. Æ 21 Mm., Grm. 8·33. — Wie Nr. 28, mit **AMΦIA**.
    M. S. — Mionnet, II, 80, 13.

30. Æ 21 Mm. — Wie Nr. 29, ohne den Speer.
    Im Handel.

31. Æ 21 Mm., Grm. 8·45. — Wie Nr. 28, mit **AMΦI**.
    M. S. — Mionnet, Suppl. III, 459, 37.

32. Æ 21 Mm. — **AMΦI**. Pallaskopf linkshin; dahinter ein
    S p e e r.

   ℞ **A**. Linkshin fliegender Pegasos.
       Cousinéry, Essai, Taf. III, 8. — München, mit
       S t e r n als Contremarke auf dem Helme.

33. Æ 22 Mm., Grm. 8·15. — **AMΦI** über dem Pallas-
    kopfe linkshin; **A—B—P** vor, unter und hinter
    dem Halse; im Felde rechts, ein S p e e r mit
    Wurfschleife.

   ℞ **A**. Linkshin fliegender Pegasos.
       J. P. Six. — Mus. naz. Neapel, Nr. 6988. —
       Wien, mit S t e r n als Contremarke auf dem
       Helme.

34. Æ 22 Mm., Grm. 8·28. — Wie Nr. 33. mit **ABP** u n t e r
    dem Kopfe.
       J. P. Six. — Mus. naz. Neapel, Nr. 6989, mit
       AMΦ.

35. Æ 21 Mm., Grm. 8·45. — **AMΦI**. Pallaskopf linkshin;
    darunter **A**; hinten ein S p e e r.

   ℞ Linkshin fliegender Pegasos, ohne Buchstab.
       J. P. Six.

36. Æ 21 Mm., Grm. 8·20. — **AMΦ**. Pallaskopf linkshin;
    hinter ihm **ABP**.

  ℞ **A**. Linkshin fliegender Pegasos.
    Leake, a. a. O. S. 18.

37. Æ 21 Mm. — **AMΦ**. Pallaskopf linkshin; dahinter ein
    Speer.

  ℞ Linkshin fliegender Pegasos, ohne Buchstab.
    Mionnet, II, 81, 14, wo der Kopf irrigerweise
    rechtshin angegeben ist.

38. Æ 21 Mm., Grm. 8·25. — **AM** über dem Pallaskopfe
    linkshin; dahinter ein Speer mit Wurfschleife.

  ℞ Rechtshin fliegender Pegasos.
    M. S. — Cat. Mus. naz. Neapel, Nr. 6990.

39. Æ 21 Mm. — Hauptseite wie Nr. 38, mit einem Speere
    ohne Wurfschleife.

  ℞ **A** Linkshin fliegender Pegasos.
    München.

40. Æ 21 Mm. — **AM** über dem Pallaskopfe linkshin;
    dahinter ein grosses Messer(?).

  ℞ **A**. Linkshin fliegender Pegasos.
    Mionnet, Suppl. III, 459, 38; cf. Cousinéry,
    Essai, Taf. III, 9. — Diese Nr. 40 ist vielleicht
    identisch mit Nr. 26.

41. Æ 21 Mm. — **AM**. Pallaskopf linkshin; hinter demselben
    A, ein von einem Epheukranze umgebener
    Schild und eine Lanzenspitze.

  ℞ **A**. Linkshin fliegender Pegasos.

Mionnet, Suppl. III, 459, 40, = Wiczay,
Nr. 3607 und Sestini, Mus. Hedervar. II, S. 51,
2 und 1; abweichende Beschreibungen ein und
desselben Stückes.

Die Stater Nr. 3 und 4 des „Museum Hunter", S. 44,
sind korinthisch,[75]) während die kleine Silbermünze
Nr. 5 derselben Sammlung dem makedonischen Könige
Archelaos gehört. Leake, Num. Hell. Eur. Gr. S. 18
setzt ebenfalls mit Unrecht nach Argos zwei kleine Silbermünzen mit den Buchstaben **AP** (Grm. 0·84 und 0·96),
denen das Zeichen Ϙ nur wegen Vernutzung oder Verprägung fehlen kann, und die sicher nach Korinth zu
geben sind

Bronzemünzen des amphilochischen Argos hatte
Mionnet noch keine in sein Werk aufgenommen; erst
Leake und von Prokesch-Osten theilten dieser Stadt einige
auf akarnanischem und amphilochischem Boden
gefundene Stücke dieses Metalles zu, mit den Bildern
des Hundes und der Eule. Der erste dieser Typen ist
bis jetzt ziemlich allgemein, sowohl auf den Silberstatern
als auf den Kupfermünzen, für einen Wolf gehalten, oder
wenigstens als solcher beschrieben worden. Bei näherer
Betrachtung der verschiedenen Darstellungen des Thieres
wird man indessen über die Art desselben nicht mehr in
Zweifel sein können; denn in allen Fällen sprechen die
Merkmale, sei es die Form des Kopfes (Nr. 10 und 11), oder
die Haltung des Halses, welcher hin und wieder mit einem
Bande geschmückt ist, oder der in der Regel aufwärts

---

[75]) Sie sind identisch mit Cousinéry, Essai, Taf. I, 19 und 23.

gekrümmte Schwanz für den Hund und niemals für den Wolf, dessen Bild auf den Münzen des peloponnesischen Argos stets richtig mit hängendem, oder zwischen die Beine eingeklemmtem Schwanze dargestellt ist. Der Thiertypus des amphilochischen Argos war also, im Gegensatze zu dem Wolfe des peloponnesischen, der Hund, dessen Vorbilder von verschiedener Race gewesen zu sein scheinen: mit kurzem Halse und spitzer Schnauze, meist in der Stellung beim Anbellen, vielleicht ein Hirtenhund (Nr. 45/47), — mit rundlichem Kopfe und abgestumpfter Schnauze, doggenartig (Nr. 7, 10 und 11), — mit schlankem Halse und länglichem Kopfe, liegend oder springend, ähnlich den Jagd- und Windhunden (Nr. 2 bis 6, 8 und 8ª, 42 und 43, 49—56).

42. Æ. 18 Mm., Grm. 4·60—4. — Jugendlicher Kopf rechtshin, mit dem Petasos im Nacken.

℞ ΑΡΓΕΙ—Ω—Ν. Die fünf ersten Buchstaben im Abschnitte, der sechste rechts neben und der letzte über einem rechtshin liegenden Hunde, welcher den Kopf zurückwendet.

M. S. — Brit. Museum. — Cat. Allier de Hauteroche, Taf. VII, 1, = Mionnet, Suppl. IV, 240, 26, und Sestini, Lettere contin. IX, Taf. I. 8 mit Ν statt Ν; — cf. Chr. Ramus, Mus. Dan. I, Taf. IV, 2 und Leake, a. a. O. S. 18.

43. Æ 15 Mm. — Derselbe Kopf rechtshin.

℞ ΑΡΓΕΙΩΝ im Abschnitte. Linkshin liegender Hund mit zurückgewendetem Kopfe.
Berlin.

44. Æ. 20 Mm., Grm. 6·75. — Jugendlicher bartloser Kopf rechtshin, ohne den Petasos.

℞ ΑΡΓ—ΕΙΩ—Ν. Rechtshin stehender Hund.
M. S. — Abgebildet Taf. I, Nr. 8.

45. — Æ 20., Grm. 6·15 und 4·95. — Jugendlicher Kopf mit krausem Haar, linkshin.

℞ ΑΡΓΕΙΩΝ über einem Hunde, scheinbar mit einem Halsbande und in der Stellung beim Anbellen, rechtshin; zwischen seinen Beinen ein Krebs mit gekrümmtem Schwanze (?); im Abschnitte eine Lanzenspitze.
M. S. — Cf. Leake, Suppl. S. 115, ohne die beiden Beizeichen.

46. Æ 19 Mm., Grm. 5·65. — Jugendlicher Kopf linkshin, zwischen zwei undeutlichen Buchstaben (Α—Γ?).

℞ ΑΡΓΕΙΩΝ. Aehnlicher Typus rechtshin; im Abschnitte ein Petasos.
Im Handel; ein anderes Exemplar von geringer Erhaltung im Brit. Museum.

47. Æ 18 Mm. — Jugendlicher Kopf mit Diadem, linkshin.

℞ ΑΡΓΕΙΩΝ. Hund rechtshin, wie auf Nr. 45; vor ihm Ε; zwischen dessen Beinen ein Gefäss (Kylix).
Wien; abgebildet Taf. I, Nr. 9. — Cf. Leake, a. a. O. S. 18, ohne Erwähnung des Beizeichens.

48. Æ. 16 Mm. — Jugendlicher Kopf rechtshin, ohne Diadem.

    ℞ **ΑΡΓΕΙΩΝ** über, **ΑΝΤΙΦ** unter einem bellenden Hunde rechtshin.
    Brit. Museum.

49. Æ 17 Mm. — Wie Nr. 48.

    ℞ **ΑΡΓΕΙΩΝ** über, **Κ** unter einem rechtshin springenden Hunde.
    Brit. Museum. — Photiades-Bey in Athen.

50. Æ. 17 Mm., Grm. 3·37. — Behelmter bärtiger Kopf rechtshin; unter dem buschigen Helme tritt die Ledermütze hervor, deren Zipfel über die Wangen herabhängen.

    ℞ **ΑΡΓΕΙΩΝ**. Rechtshin springender Hund; darunter ⋈**Ε**.
    M. S. Abgebildet Taf. I, Nr. 10. — Berlin, mit **ΜΕ**.

51. Æ. 15 Mm., Grm. 2·10. Wie Nr. 50, mit ⋈**Ε**.
    M. S.

52. Æ. 17 Mm., Grm. 3·75. — Derselbe Kopf linkshin.

    ℞ **ΑΡΓΕΙΩΝ**. Rechtshin springender Hund; darunter ⋏.
    M. S.

53. Æ. 15 Mm. — Derselbe Kopf rechtshin.

    ℞ **ΑΡΓΕΙΩΝ**. Rechtshin springender Hund; darunter **ΑΝΤΙΦΙ**.
    Berlin, aus der Sammlung v. Prokesch-Osten.

54. Æ. 15 Mm. — Derselbe Kopf rechtshin; am Helme
     aufgeklappte Backenstücke.

ß **ΑΡΓΕΙΩΝ**. Rechtshin springender Hund; darunter **MEN—A**
     (**ΝΔΡΟΣ**.
Berlin.

55. Æ 15 Mm. — Wie Nr. 54, mit **AM-YNA** unter dem
     ΝΔΡΟΣ
Hunde.
Wien.

AMY
56. Æ 15 Mm. — Wie Nr. 54, mit **ΝΑΝ** unter dem Hunde.
     ΔΡΟΣ
K. Bibliothek Turin.

Die letzte Münze ist in der Revue numismatique
1859, S. 104—108, von Waddington veröffentlicht und
abgebildet worden, jedoch mit der Lesung (**ΑΘΑ**)**ΜΑΝΩΝ**
ΑΜΥΝΑΝΔΡΟΣ, und der daherigen Attribution von
Amynandros, König der Athamanen. Die Ent-
deckung eines ähnlichen Stückes im Wiener Kabinete
(Nr. 55) führte mich auf die Vermuthung, die Aufschrift
der Turiner Münze möchte nicht richtig entziffert worden
sein, und die Prüfung des Originals, welche mir vor ein
paar Jahren durch die Güte des gelehrten Conservators
der königl. Sammlung in Turin, V. Promis, vorzunehmen
gestattet war, bestätigte vollkommen die Richtigkeit jener
Voraussetzung: es steht wirklich (**ΑΡ**)**ΓΕΙΩΝ** über dem
Hunde. Da die Stelle, wo dieser Theil der Aufschrift sich
befindet, durch Oxydation etwas verdorben ist, so lässt
sich Waddington's Annahme einer andern Lesart als eine
leicht begreifliche Täuschung wohl entschuldigen. Ihr
verdanken wir inzwischen eine hübsche Notiz über Amy-

nandros; und an diese anknüpfend, könnte man nun die Frage aufwerfen, ob der auf den amphilochischen Münzen vorkommende Name Amynandros sich dennoch nicht auf den Athamanenkönig beziehen lasse. Das muthmassliche, allerdings nicht genau bestimmbare Alter der Münzen würde nicht dagegen sprechen; auch dürfte vorausgesetzt werden, dass Argos noch als a e t o l i s c h e Stadt seine Kupferprägung fortgesetzt habe. Weniger wahrscheinlich ist dagegen, dass Amynandros den ihm befreundeten Aetolern die Amphilochia einst entrissen, oder in ihrem Namen verwaltet habe; und so lange für ein derartiges Verhältniss keine Zeugnisse beizubringen sind, enthält man sich billig einer weitern Erörterung.

---

57. Æ 14 Mm., Grm. 2·50. — Pallaskopf rechtshin.

Ŗ **A P Γ E I · ·** links neben einer rechtshin stehenden Eule; im Felde rechts ein W e i z e n k o r n.
M. S.

58. Æ 16 Mm., Grm. 2·15. — Pallaskopf rechtshin.

Ŗ **A P Γ E I Ω N** rechts, und Bogen links neben einer linkshin stehenden Eule.
M. S. — Cf. Revue numism. 1843, S. 430, Taf. XVII, 10, von A. de Longpércir dem k r e - t i s c h e n Argos zugetheilt.

59. Æ 15 Mm., Grm. 2·55. — Pallaskopf rechtshin.

Ŗ Wie Nr. 58, mit einer L a n z e n s p i t z e an der Stelle des Bogens.
M. S.; a b g e b i l d e t Taf. I, Nr. 11. — Cf. Neumann, Num. vet. II, Taf. VI, 17.

60. Æ. 15 Mm. — Wie 59, ohne deutliches Beizeichen.

> Archaeolog. Zeitung, 1847, Taf. X, 13;
> von Prokesch - Osten, Inedita 1854, S. 253,
> Taf. II, 41.

Der Helmform der Münzen Nr. 57—60, mit Busch, Stephane und in der Regel aufgeklappten Backenstücken, entspricht auch diejenige gleichtypiger Stücke von Medeon und Thyrreion.

Astakos. [76])

— Eine Kolonie der Kephallenier, nach Steph. Byz.

431 v. Chr. — Ihr Tyrann Enarchos wird von den Athenern vertrieben, in demselben Jahre aber von den Korinthern für kurze Zeit wieder zurückgeführt.

> Thukyd. II, 30 und 33.

429 „ „ — Astakos erscheint wieder auf der Seite der Athener, und ist von da an wahrscheinlich im akarnanischen Bunde verblieben.

> Thukyd. II, 102.

1. Æ 21 Mm., Grm. 8·42. — A—Σ. Pallaskopf rechtshin; hinter ihm ein Krebs (ἀστακός).

Ŗ Rechtshin fliegender Pegasos.

> Brit. Museum. — J. P. Six, Grm. 8·40; m. S. Grm. 8; — abgebildet Taf. III, Nr. 5.

---

[76]) Ueber die einstige Lage der Stadt, vgl. Leake, Travels in Northern Greece, IV, S. 6; — Heuzey, le Mont Olympe et l'Acarnanie, S. 417—422; Bursian, Geogr. von Griechenland, I, S. 119, Anm. 2.

Die Zutheilung dieses bis jetzt unedirten Staters nach
Astakos scheint durch die Aufschrift **AΣ** und das redende
Wappen [77]) der Stadt vollständig gesichert zu sein.

Ist es richtig, dass die bekannten, in der Regel in
die leukadischen Serien aufgenommenen Münzen mit dem
Pegasostypus und den Bezeichnungen **ϟ — ΔYP**, [78]) **ϟ — ꟼ**
und **Λ — K**, [79]) **Λ — Θ**, [80]) **Λ — Σ**, [81]) **Λ — Ϙ**, [82]) als Vereinsmünzen von Leukas und Dyrrachion, Leukas und Korkyra,
Leukas und Thyrreion, Leukas und Stratos (eher Syrakus)
und Leukas und Korinth aufzufassen sind, so können in
analoger Weise auch die Buchstaben **A — Σ** der beiden
Drittelstater, welche Postolakka auf Taf. III, Nr. 641
und 642 publizirt hat, auf den Namen Astakos gedeutet
werden. Die Nr. 642, mit **Λ** unter dem Pegasos, wäre
demnach eine Vereinsmünze von Leukas und Astakos,
und Nr. 641, deren Beschreibung hier wiederholt wird,
eine selbstständige Prägung der letztern Stadt:

2. Æ 15 Mm., Grm. 2·65. — Weiblicher Kopf mit Hals-
       band, von vorn und etwas linkshin geneigt,
       zwischen den beiden Buchstaben **A** und **Σ**.
   ℞ Linkshin fliegender Pegasos.

---

   77) Dass das Beizeichen einen Krebs darstellt, beweisen die
langen Fühlhörner und der Schwanz; es fehlen ihm aber ein paar
Füsse und die Scheeren, um ein richtiges Bild des ἀστακός oder
Hummers zu geben. Sehr naturgetreu, mit den Scheeren und vier
paar Füssen, erscheint dagegen der nämliche Typus auf den älteren
Münzen des bithynischen Astakos.

   78) Postolakka, a. a. O., S. 88, Nr. 881 und 882. Taf. V.

   79) A. a. O., Taf. V, Nr. 883 und 884.

   80) A. a. O., Taf. V, 885—887.

   81. A. a. O., S. 62, Nr. 640, Taf. III; und S. 89, Nr. 888, Taf. V.
 Cf. die Bemerkungen zu Leukas, Nr. 13.

   82) A. a. O., S. 89, Nr. 889 und 890, Taf. V.

Beide Münzen, der Stater und sein Drittel, sind
selten, der letztere bis jetzt vielleicht einzig. Da zudem
keine Kupfermünzen bekannt sind, die man Astakos zutheilen könnte, [83]) so ist anzunehmen, dass diese Stadt,
gleich einigen anderen akarnanischen Prägorten, nur
einmal vorübergehend gemünzt habe.

Der Erwähnung werth ist die Erscheinung, dass auch
das bithynische Astakos Silbermünzen mit dem
redenden Wappen und den zwei Buchstaben **AΣ** geprägt
hat. [84])

---

[83]) Unter meinen „Unbestimmten" befindet sich die folgende
Bronzemünze:

Æ. 13 Mm., Grm. 2·50. — Eine Keule zwischen den Buchstaben
A — Σ.

℞ Ein Stern mit acht Strahlen.

Dieses Stück nach Akarnanien zu legen, scheint mir indessen
zu gewagt; ich möchte es eher für kleinasiatisch halten.

[84] Da Brandis (Münzwesen in Vorderasien, S. 307 und 435)
Originalien dieser Münzen nicht gesehen zu haben scheint, und wohl
desshalb keine Gewichtsangaben dafür gemacht hat, so kann bei
dieser Gelegenheit jene Lücke seines Verzeichnisses hier ausgefüllt
werden:

Grm. 4·95, wiegt das in der Brera zu Mailand befindliche Exemplar,
das in Mionnet's Recueil des pl. L, 9 und in Millingen's
Recueil, Taf. III, 15, abgebildet ist.

Grm. 4·93, ein Exemplar der Sammlung de Luynes (Æ 16/19 Mm. —
Weiblicher Kopf mit Kekryphalos linkshin in einem vertieften Vierecke. ℞. **A Σ** rechts neben einem Hummer).

Grm. 2·11, die dem letzten Stücke ähnliche Münze des Berliner
Museums (Pinder, Num. aut. ined. Taf. I, 3).

Echinos.

Echinos ist als akarnanische Stadt nur von Stephanus
Byzantius und Plinius, IV, 2, erwähnt. Ueberreste derselben sind von Heuzey, a. a. O. S. 375, 379 und 380, auf
einer kleinen Insel des ambrakischen Meerbusens, etwas
östlich von Anaktorion, erkannt worden. [85] Bursian
hält sie für den Hafenplatz des südlich im Innern gelegenen Thyrreion's.

Münzen wurden Echinos bis jetzt keine zugetheilt;
indessen könnte ihm der folgende Stater angehören:

Æ 23 Mm., Grm. 8·22. — Pallaskopf rechtshin; dahinter **E**,
    und ein Angelhaken.

℞ Linkshin fliegender Pegasos, ohne Buchstab.
    M. S. — J. P. Six, Grm. 8·12 aus anderen
    Stempeln.

Das Stück ist von ziemlich später Fabrik, so dass
nicht wohl an eine Zutheilung desselben nach Epidamnos
gedacht werden kann, und noch weniger an eine solche
nach Erysiche. Vielleicht ist es aber auch nur eine Prägung von Leukas, auf dessen Statern das nämliche
Beizeichen vorkömmt. [86])

---

[85] Cf. Leake, Travels in Northern Greece, III, 495; Bursian,
Geogr. von Griechenland, S. 112, und Kiepert, Neuer Atlas von
Hellas, Taf. VII.

[86] Cf. Leukas, Nr. 35—37.

Erysiche.

Stephanus Byzantius, s. v. Οἰνειάδαι, identificirt
Erysiche mit der Stadt der Oiniaden; Strabon, 460, gedenkt
der Erysichaeer als Bewohner des innern Akarnanien's und
citirt dafür den Lyriker Alkman, der im VII. Jahrhundert
v. Chr. gelebt hat. Sonst kömmt der Name nirgends vor.
Heuzey (a. a. O. S. 428) glaubt, an Stelle des alten
Erysiche sei die Stadt Metropolis getreten, während
Bursian (a. a. O. S. 120) Erysiche für den frühern
Namen einer nur von Strabon (450) erwähnten und zu
dessen Zeit nicht mehr bewohnten Stadt Alt-Oiniadai
hält. Aus allem diesem scheint hervorzugehen, dass
Erysiche ein Ort gewesen, der früh verschwunden, und
von dem keine Münzen zu erwarten sind.

Herakleia.

Die einstige Existenz eines akarnanischen Herakleia
ist durch Plinius, nat. hist. IV, 1 und Stephanus Byzantius
bezeugt.

Während Leake, Num. Hell. Eur. Gr., S. 54, diese
Stadt an die Stelle des heutigen, jetzt allgemein für
Thyrreion gehaltenen Dörfchens H. Basileios versetzte, und
Heuzey (a. a. O. S. 380—383) sie noch weiter nordwest-
lich gegen Anaktorion zu rückte, glauben Kiepert
(N. Atlas von Hellas, Taf. VII) und Bursian (a. a. O., I,
S. 110/111) dieselbe in den Ruinen zu erkennen, welche,
iu der südöstlichsten Bucht des ambrakischen Meerbusens

gelegen, gewöhnlich mit dem alten Limnaia identificirt wurden. [87])

Sind sämmtliche Münzen, deren Beschreibungen hier folgen, wirklich Akarnanien zuzuschreiben, so müsste aus dem Vorhandensein dieser Gruppe nothwendig geschlossen werden, dass ihre Prägstätte ein nicht unbedeutender, einst blühender Ort gewesen sei. Für eine derartige Annahme scheinen in der That auch, — schliesst man sich Bursian's und Kiepert's höchst wahrscheinlichen Ansichten über Herakleia's einstige Lage an, — die nicht unbeträchtlichen Ueberreste der Stadt zu zeugen.

Die Blüthezeit Herakleia's würde, nach dem Alter der Münzen zu urtheilen, gerade in dasjenige Jahrhundert fallen, über dessen Geschichte, soweit sie Akarnanien betrifft, die erhaltenen Ueberlieferungen beinahe gänzlich schweigen, nämlich in die Periode von 314—220 v. Chr. Die späteren, ebenfalls sehr lückenhaften Nachrichten über die Akarnanen lassen aber deutlich erkennen, dass sich während des gedachten Zeitraumes in der Achelooslandschaft und besonders im eigentlichen Flussgebiete derselben, wichtige Ereignisse und Veränderungen zugetragen und vollzogen hatten. Zu diesen könnte man nun, nach der durch die Ruinen und Münzen sich ergebenden Wahrscheinlichkeit, eine grössere städtische Entwicklung und Machtentfaltung Herakleia's rechnen, wie eine solche z. B. durch Einwanderung eines Theiles der von den Aetolern aus den südöstlichen Wohnsitzen vertriebenen Akarnanen in die feste Küstenstadt denkbar ist.

---

[87] Cf. Heuzey, a. a. O., S. 320, Taf. V.

1. Æ 27 Mm., Grm. 16·48 (durchlöchert). — Jugendlicher
   Herakleskopf mit dem Löwenfell bedeckt,
   rechtshin.

   ℞ **HPAKΛEΩ.** Jugendlicher Dionysos, halbnackt,
   linkshin auf einem Sessel sitzend, in der vorgestreckten rechten Hand einen amphoraförmi-
   gen Becher, in der linken einen kurzen mit
   Epheu umwundenen Thyrsos haltend.
   Brit. Museum; abgebildet Taf. I, Nr. 12.

2. Æ 24 Mm., Grm. 9·63. — Derselbe Kopf rechtshin.

   ℞ **HPAKΛEΩTAN.** Jugendlicher, halbnackter
   Dionysos, mit langen, über die Schultern herab-
   wallenden Haarlocken, linkshin sitzend, in der
   rechten Hand einen Kantharos, in der linken
   einen langen mit einer Tänie geschmückten
   Thyrsos haltend. Unter dem Sitze **Λ**.
   Wien, cf. Froehlich, Cimel. Vindob. Taf. III,
   6. — Museum Hunter, Taf. XXIX, 6, Grm. 9·60
   — Mionnet, Suppl. III, 460, 41 und V, 53, 263
   und 54, 271 (angeblich mit blossem **Λ** unter dem
   Sitze). — Brit. Museum, aus der Sammlung
   Th. Thomas, Nr. 1736, Grm. 9·35.

3. Æ 22 Mm., Grm. 8·90 (durchlöchert). — Typen und
   Aufschrift wie Nr. 2; der mit einer Binde geschmückte Thyrsos ist kurz. Unter dem Sitze **M**.
   München, cf. Sestini, Lettere contin. VII, S. 49,
   9 und Mionnet, Suppl. V, 52, 262, beide Beschreibungen ungenau.

4. Æ 26 Mm., Grm. 9·80. — Wie Nr. 3, mit **E** unter dem
   Sitze.

Modena. — Cat. Northwick, Nr. 921, Grm. 9·56.
Als Nr. 922 desselben Kataloges erscheint ein
ähnliches Stück mit Grm. 9·72, wo sich ein
Monogramm unter dem Kantharos, statt
unter dem Sessel, befindet.

5. Æ 24 Mm., Grm. 9·39. — Wie Nr. 3, mit ⱻ unter dem
Sitze.

> Sammlung v. Prokesch-Osten und St. Peters-
> burg.

6. Æ 24 Mm., Grm. 8·82. — Wie Nr. 3, mit ⱻ unter dem
Sitze.

> Brit. Museum.

---

7. Æ 18 Mm., Grm. 5·08. — Jugendlicher mit Epheu be-
kränzter Dionysoskopf rechtshin; hinter demselben Λ.

> ℞ ₩ unter dem rechtshin fliegenden Pegasos.
> Leake, Num. Hell. Eur. Gr., S. 54, 1.

8. Æ 18 Mm., Grm. 5·12. — Wie Nr. 7, mit Λ hinter dem
Kopfe.

> Leake, a. a. O. S. 54, 2. — J. P. Six,
> Grm. 4·97, durchlöchert; abgebildet Taf. III,
> Nr. 6. — Brera in Mailand, Grm. 4·90, mit ⚹
> und ⚏.

9. Æ 18 Mm., Grm. 4·99. — Wie Nr. 7, mit ℞ hinter dem
Kopfe.

> Leake, a. a. O. S. 54, 3.

10. Æ 17 Mm., Grm. 3·25. — Weiblicher Kopf mit Blätter-
kranz, gezacktem Stephanos und Schleier rechtshin; hinter demselben Λ.

B ⟨monogram⟩ unter dem rechtshin fliegenden Pegasos, von
einem Lorbeerkranze umgeben.

L. Müller, Cat. Thorwaldsen, S. 93, Taf. I,
476; cf. Chr. Ramus, Cat. Mus. Dan. I, Taf. V, 2,
bei Parion.

11. Æ 14 Mm., Grm. 1·86. — Herakopf, mit verzierter
Stephane, Ohrgehäng und Halsband, rechtshin;
über der linken Schulter ein Lilienscepter und
hinter diesem ⟨monogram⟩.

B ⟨monogram⟩ unter dem rechtshin fliegenden Pegasos.

Bibliothek Athen, Nr. 2124; abgebildet
Taf. III, Nr. 7. — Cf. Leake, a. a. O. S. 54, 5,
Grm. 1·40 mit dem Monogramme von Nr. 9, und
Mionnet, Suppl. IV, 131, 896.

12. Æ 14 Mm., Grm. 1·72. — Wie Nr. 11, mit ⟨symbol⟩ hinter
dem Kopfe.

Mus. Hunter, Taf. XXIX, 7. — M. S. Grm. 1·45.

13. Æ 14 Mm., Grm. 1·49. — Jugendlicher Kopf des
Dionysos linkshin; dahinter ⟨symbol⟩.

B Rechtshin fliegender Pegasos; darunter ein
Weinblatt.

Mus. Hunter, Taf. IV, 13, wo das Monogramm
auf Amphilochia gedeutet ist.

Während die Münzen Nr. 7—13 (ihren Gewichten
nach Ganze, Zweidrittel- und Drittelstücke), deren ge-

wöhnlicher Fundort Leake zufolge das nördliche Akarnanien zu sein scheint, eine Gruppe bilden, die ihres Monogrammes ⱖP wegen mit ziemlicher Sicherheit Herakleia
zugeschrieben werden kann, und welcher eine ähnliche
und zum Theil gleichzeitige Prägung der Insel Korkyra
zur Seite steht, [88]) treten der bestimmten Zutheilung der
Münzen Nr. 1—6 grössere Schwierigkeiten entgegen.

In seinen Lettere contin. VII, S. 47 ff. stellte Sestini
41 Münzen zusammen, welche er dem bithynischen
Herakleia gab, dazu bemerkend, dass einige derselben im ehemaligen Gebiete der letztern Stadt selbst
gefunden worden, und alle seine Beschreibungen Originalien entnommen seien, welche sich in den von Cousinéry
und Allier de Hauteroche im Oriente gebildeten und in
anderen Sammlungen befanden. Eine Garantie für den
gewöhnlichen Fundort bestimmter einzelner Münzen
seiner Liste ist mit dieser allgemein gehaltenen Aussage
Sestini's factisch nicht geboten, und in Folge dessen sind
auch erneuerte Zweifel über die Richtigkeit der Attribution
gewisser Stücke vollkommen berechtigt. So scheint z. B.
gerade die Münze, mit welcher Sestini die Reihe seiner
Beschreibungen eröffnet, und von welcher auch Raoul-
Rochette versichert, [89]) dass Exemplare auf bithynischem
Boden zu Tage gefördert worden seien, keineswegs kleinasiatisch, sondern arkadisch zu sein. [90]) — Unter Nr. 8

---

[88]) Postolakka, a. a. O., S. 15—17.

[89]) Hercule assyrien, S. 291.

[90]) Seit Sestini's Publication sind Varietäten dieser Münze
(Hauptseite: Weiblicher Kopf, archaischen Stils, bald mit einfachem
Perlendiadem, bald verschleiert und mit einem Stephanos ge-
schmückt. ♭ Ɛ, ƐP, ƐRA, FⱣ $\frac{|}{A}$, recht- und rückläufig in einer

bis 10 führt Sestini sodann die Silbermünzen auf, welche
unseren Nr. 2 und 3 entsprechen; er citirt sie aber nicht
aus jenen in Kleinasien gebildeten Sammlungen.[45])

in der Regel verzierten Vertiefung), wiederholt, unter Anderen auch
von Leake, der arkadischen Stadt Heraia zugeschrieben worden,
und zwar, wenn mich die eigenen Beobachtungen und Erkundigun-
gen nicht täuschen, mit vollem Rechte. Ich selbst habe zwei aus
dem Peloponnese kommende Stücke dieser Gattung in Athen
erworben, von denen das eine über der Spitze des einzigen Buchstabens Ϝ zwei kleine Zapfenlöcher zeigt, genau wie solche
über dem grossen A archaischer Triobolen von Argos, und nur
auf diesen, vorkommen. Dieses charakteristische Merkmal, sowie
die Aufschrift ΕΡΑΙ eines Exemplars, von der mir noch der Abdruck vorliegt, und endlich die sichere Constatirung der Provenienz
mehrerer Stücke, alles dies scheint mir mehr zu beweisen als jene
französischen Quellen. Auch die Buchstabenformen entsprechen denjenigen des alt-arkadischen Alphabetes, und das aus-
schliessliche Vorhandensein von Triobolen und Obolen aegi-
naeischer Währung, welches für die Gruppe mit der Aufschrift
ΕΡΑ hervorzuheben ist, stimmt ebenfalls auffallend mit dem alten
Prägesystem Arkadiens überein (cf. A. von Sallet's Zeitschrift für
Num. III, S. 290—301). Ich halte es sogar für wahrscheinlich, dass
die alten arkadischen Silbermünzen an die Stelle des unbedingt
ältern städtischen Geldes von Heraia, welches wir in den
so eben besprochenen Münzen zu erkennen haben, getreten waren,
und diese Stadt als Prägstätte der Obolen und Triobolen mit der Aufschrift ΑΡΚΑΔΙϘΟΝ zu betrachten ist.

[45]) Als solche kann indessen, zum Theile wenigstens, das
Münchener Kabinet gelten, da diesem die Cousinéry'sche Sammlung
einverleibt worden. Die letztere enthielt aber, wie diejenigen de
Hauteroche's, Whittall's, Borrell's, Ivanoff's u. a. eine grosse Zahl
nicht asiatischer Münzen, und unter diesen manche grosse
Seltenheiten, so dass das vereinzelte Vorkommen einer herakleotischen Münze in der einen oder andern der erwähnten Sammlungen an und für sich nicht erlaubt, auf deren bithynischen Ursprung
zu schliessen. — Auch P. Sibilian, welcher in der Num. Zeit-

sondern aus den Kabineten in Paris, Wien, München und
dem Hunter'schen. „Ma perchè siffatte medaglie si trovano
nel sito di Eraclea Bitinica, sembra perciò ragionevole che
si debbano a questo restituire", fügt er erklärend auf
S. 49 bei. Unter diesen „siffatte medaglie" dachte sich aber
Sestini gewiss nur die dem bithynischen Herakleia sicher
gehörenden Silbermünzen mit den Typen des Dionysos-
kopfes und des stehenden Herakles. Denn von den
anderen gleich schweren Silbermünzen, mit dem Herakleskopfe und dem sitzenden Dionysos, welche bis
jetzt in den Sammlungen sehr spärlich vertreten sind, wird
sich bis zur Stunde noch kaum behaupten lassen, dass sie
auf dem Gebiete des bithynischen Herakleia zu finden
seien.

So nichtssagend nun die bisherigen Nachrichten über
den Fundort der Münzen Nr. 1—6 sind, so wenig tragen
leider andere, in der Regel entscheidende Merkmale dazu
bei, die Frage der Herkunft zu lösen. Denn die Typen
sowohl, wie die dorische Form der Aufschrift
HPAKΛEΩTAN und das Gewichtssystem der Stücke
zu Grm. 9 bis 10 passen zufällig ebenso gut auf ein bithy-
nisches wie ein akarnanisches Herakleia. Ohne nun dem
erstern die in Rede stehenden Münzen durchaus absprechen zu wollen, mögen hier einige Erwägungen Platz
finden, deren Ergebniss geeignet zu sein scheint, eine
Entscheidung zu Gunsten der Zutheilung nach Akarnanien
zu treffen.

---

schrift, II. 1870, S. 289 ff. über die Münzen berichtet, welche auf
dem Boden des bithynischen Herakleia gefunden werden, beob-
achtet absolutes Stillschweigen über die uns interessirende Münz-
gattung.

1. Wenn dem akarnanischen Herakleia die mit dem Monogramm ⚏ bezeichneten Münzen, welche in keinem Falle kleinasiatisch sind, zukommen, so liegt damit die Wahrscheinlichkeit nahe, dass in deren Prägstätte auch grössere Stücke gemünzt worden seien.

2. Die verschiedenen Gewichte, welche sich aus der Gruppe Nr. 1--13 ergeben, entsprechen auffallend genau dem Theilungssystem der akarnanischen, epeirotischen und aetolischen Prägungen, wie dies die früher aufgestellte Gewichtsübersicht deutlich zeigt. — Neben den Statern von circa Grm. 10, und deren Hälften, Dritteln und Sechsteln, erscheint auch ein Tetradrachmon attischer Währung, ein Stück, dessen Auftreten in Akarnanien, wo Gold nach attischem Fusse geprägt worden, ebenso gut zu erwarten steht, als es in den Münzreihen der nach gleichen Systemen prägenden Nachbarstaaten nicht fehlt.

3. Die Silberstater Nr. 1—6 weisen bis zu einem gewissen Grade dieselbe Verschiedenheit der Fabrik auf, wie die akarnanischen Gaumünzen: neben recht hübsch geschnittenen Stempeln sind auch sehr verflachte wahrzunehmen. So rohe Gepräge wie diejenigen Thyrreion's gibt es indessen unter den herakleotischen Münzen nicht, was einfach darauf hindeutet, dass die letzteren zeitlich nicht so weit wie jene herabreichen.

4. Der Kehrseitetypus des Dionysos bildet ziemlich genau das Seitenstück zu der Darstellung des sitzenden Apollon der akarnanischen Münzen. Beide Gottheiten sind mit über die Schultern herabwallenden Haarlocken und mit einem der ihnen zukommenden Symbole in der vorgestreckten Hand, sitzend dargestellt; unter oder an

ihrem Sitze sind in der Regel Monogramme angebracht,
hin und wieder auch im Felde.

Alles dies sind Momente, die auf den akarnanischen Ursprung der herakleotischen Münzen hinzudeuten
scheinen; völlig überzeugend aber sind sie an und für
sich, insofern sie die Nr. 1—6 betreffen, dennoch nicht.
Das hauptsächlichste der etwaigen Bedenken, welche
gegen die befürwortete Attribution erhoben werden
könnten, müsste nach meinem Dafürhalten in dem nicht
zu übersehenden Umstande der Sonderstellung liegen,
welche mit diesen Geprägen die Stadt Herakleia zum
Bundesstaate einzunehmen schiene. Für oder wider die
Möglichkeit einer solchen zu streiten, kann aber bei dem
gänzlichen Mangel an historischen und inschriftlichen
Quellen einstweilen wohl Niemandem einfallen; und es
bleibt daher eine sichere Entscheidung der Zutheilungs-
frage vorzüglich von neuen Funden und der Constatirung
der Localitäten, wo diese gemacht werden, abhängig.

Die Kupfermünzen, welche gewöhnlich dem akarnanischen Herakleia zugewiesen werden, zeigen ebenfalls
die Aufschrift ΗΡΑΚΛΕΩΤΑΝ nebst wechselnden Monogrammen, und haben als Typen das Haupt des Herakles
und einen Löwen,[92]) oder Attribute des Herakles.[93]) Mit

[92]) Mionnet, II, 81, 18—26; Suppl. III, 460, 43. — Mus. Hunter,
S. 149, 3. — Leake, a. a. O., S. 54. 5.

[93]) Mionnet, Suppl. III, 44. — Leake, a. a. O., S. 54, 6. — Die
beiden in Leake's Supplement S. 127 angeführten Stücke gehören
nicht hieher, sondern nach Thessalien, und die Bronze des Brit.
Museums, Num. Chronicle 1873, S. 108, Nr. 45, scheint bithynisch
zu sein.

völliger Sicherheit können sie jedoch an dieser Stelle erst
belassen werden, wenn einmal ihre Herkunft, oder die-
jeuige der so eben besprochenen Silbermünzen, als akarnanisch ermittelt sein wird. Denn aus Leake's Angabe
des Fundortes seiner a. a. O. S. 54, beschriebenen Münzen
geht keineswegs in unzweideutiger Weise hervor, dass er
dabei der Münzen beider Metalle gedacht habe. Wohl
zu beachten ist indessen die Thatsache, dass diese nicht
sehr seltenen Bronzestücke in den Auctionskatalogen der
in der Levante gebildeten Sammlungen von Borrell,
Whittall, Ivanoff etc. niemals vorkommen, nud dass auch
Sestini, a. a. O., und P. Sibilian, [94]) welche alle die ihnen
bekannten Münzen des bithynischen Herakleia aufzählen,
keine dieser Kupfermünzen in ihre Verzeichnisse aufgenommen haben. Da diese also nicht nach Bithynien zu
gehören scheinen, und ich sie einem dritten Herakleia
dorischer oder aeolischer Gründung, wie dies die
Form der Aufschrift bedingt, nicht zu geben wüsste, so
gewinnt damit wiederum die Vermuthung an Wahrscheinlichkeit, dass die betreffende Kupferprägung und mit ihr
die Silbermünzen Nr. 1—6, akarnanisch seien.

Die folgenden Varietäten mit dem Löwentypus
scheinen noch unbekannt zu sein:

14. Æ 18 Mm., Grm. 3·77. — Bärtiger Kopf des
    Herakles, mit dem Löwenfell bedeckt, rechtshin.

    ℞ HPAKΛEΩ-TAN. Rechtshin springender
    Löwe; darüber MH; darunter eine Keule; unter
    der erhobenen rechten Vordertatze ein Stier-
    schädel.

    M. S.

---

[94] Huber's Num. Zeitschrift, 1870 (II). S. 289 ff.

15 Æ. 13 Mm., Grm. 1·48. — Derselbe Kopf rechtshin,
aber bartlos.

℞ Aufschrift, Typus und Symbole wie Nr. 14; über
dem Löwen **IΣ**.
M. S.

16. Æ. 12 Mm., Grm. 1·20. — Derselbe bartlose Kopf
rechtshin.

℞ **HPAKΛEΩ · TAN**. Vordertheil eines rechtshin
springenden Löwen; darunter **ʁ**.
M. S.

Koronta.

429 v. Chr. — Die Gegner Athen's werden von Phormion aus
Koronta vertrieben.
Thukyd. II, 102. Cf. Steph. Byzant.

Ueber die muthmasslichen Ruinen von Koronta,
welche nach Thukydides zu schliessen, auf dem Wege von
Astakos nach Stratos gelegen sein müssen, berichten
Heuzey, a. a. O., S. 367—370 und Bursian, a. a. O.,
S. 110.

Es ist bis jetzt dieser Stadt nur eine Münze zugeschrieben worden:

1. ℞ 11 Mm., 1·13 Grm. — Bärtiger Kopf des Acheloos
rechtshin; darüber ein unbestimmtes Zeichen.

℞ ⊤ in einem vertieften Vierecke.

Berlin. — Friedlaender, Berliner Blätter II, 1865, S. 7, Taf. XIII, 5; P. Lambros, Zeitschrift für Numismatik II, S. 473, 8.

Der Buchstab T, welchem wir noch bei Besprechung der Münzen von Alyzia, Oiniadai und Stratos begegnen, ist als ein von den beiden kleineren Buchstaben unabhängiges Zeichen, und in keinem Falle als Initiale der Münzstätte zu betrachten. Dagegen könnte O K für den Stadtnamen K o r o n t a stehen, wenn nicht etwa bloss für den Namen eines B e a m t e n. Diese letztere Annahme scheint durch die folgende etwas jünger aussehende Münze, deren gefällige Mittheilung ich Friedlaender zu verdanken habe, die grössere Wahrscheinlichkeit für sich zu haben:

2. Æ 10 Mm., Grm. 1·15. — Derselbe Kopf rechtshin; in einem Perlkreise.

℞ ᛏᛏ in flachem Felde.

Berlin, aus der Fox'schen Sammlung.

Die Buchstaben T O, recht- oder rückläufig gelesen, entsprechen keinem akarnanischen Localnamen, wenigstens keinem, von dem wir irgend welche Kunde hätten, und ist daher wohl zu vermuthen, dass man damit einen Personennamen bezeichnen wollte. In diesem Falle aber müssten beide Stücke entweder Stratos oder Oiniadai gegeben werden.

Wenn Städte des innern Akarnanien's, wie Thyr-reion, Metropolis und vielleicht auch Phytia, Münzen mit korinthischen Typen geprägt haben, so können deren auch

von Koronta erwartet werden. Wiewohl nnn Pegasos-
stater bekannt sind, deren Zeichen **Κ**, **Ϙ**, **⥀** nnd **ΚΟΡ** [55])
an und für sich ebenso gut auf den Namen Koronta
als auf denjenigen Korkyra's zu deuten wären, so muss
doch bei dem Mangel entscheidender Merkmale von einer
Attribution derselben nach der akarnanischen Stadt abgesehen werden, mit Ausnahme einer bisher nnbekannten
Varietät, die sicher nicht korkyraeisch ist:

3. Æ 22 Mm., Grm. 8·05. — Pallaskopf linkshin; hinter
    ihm **Κ** und ein sogenannter makedonischer
    Schild mit einem Donnerkeil in der Mitte.

  ℞ Linkshin fliegender Pegasos, ohne Buchstab.
      M. S., Hauptseite abgebildet Taf. III, Nr. 8.
      — Brit. Museum. — Bologna.

Das Aussehen dieses Stückes ist zum Verwechseln
ähnlich gewissen Statern der Amphilocher (Nr. 15—21),
von Thyrreion (Nr. 17 und 18), Anaktorion (Nr. 77—89),
Leukas (Nr. 32) nnd Metropolis (Nr. 1), gleichzeitigen
Prägungen, welche, mit Ausnahme derer von Anaktorion,
auffallender Weise alle einen Schild, — in jeder Stadt
von besonderer Form oder mit einem besondern Schmucke,
— als Beizeichen führen, was vielleicht nicht auf blosser
Zufälligkeit beruht.

Der Schild nnserer Münze hat die grösste Aehnlichkeit mit demjenigen von Metropolis, in dessen Nähe
Koronta lag.

----

[55] Postolakka, a. a. O., Nr. 140 und 883; Cousinéry, Essai,
Taf. IV, 14; Cat. Allier de Hauteroche, Taf. V, 20; m. S.

Leukas.

Ca. 635 v. Chr. wird die Stadt Leukas von Korinthern unter Kypselos (und Korkyraeern) gegründet.
> Plutarch, Themist. 24.

428 „ „ Leukas weist einen Angriff der Athener ab.
> Thukyd. III, 7.

373 „ „ Es stellt den Lakedaemoniern Schiffe.
> Xenoph. Hell. VI, 2.

323 „ „ Im Lamischen Kriege stellt sich Leukas mit Alyzia auf die Seite der Athener.
> Diodor. XVIII, 11.

314 „ „ Kassander nimmt Leukas und die Akarnanen in seinen Bund gegen die Aetoler auf.
> Diodor. XIX, 67.

197 „ „ Leukas, „die Hauptstadt Akarnanien's" wird von den Römern erobert.
> Livius, XXXIII, 17.

191 „ „ Die Leukadier werden als Hauptvolk der Akarnanen bezeichnet.
> Livius, XXXVI, 11.

167 „ „ Leukas wird abermals von den Römern erobert, von Akarnanien losgetrennt und bleibt unter directer römischer Herrschaft.
> Livius, XLV, 31.

Wie es sich aus der Besprechung der Prägungen des akarnanischen Bundes ergeben, fällt ein Theil derselben, — und zwar wahrscheinlich deren grösster Theil, — der Münzstätte von Leukas zu. Die übrigen Münzen dieser Inselstadt, welche mit den Initialen oder der vollen Aufschrift des Stadtnamens bezeichnet sind, bilden zwei ansehnliche Gruppen mit zahlreichen Varietäten, von denen die ältere korinthische, die jüngere

8*

eigene locale Typen trägt. Jene mag bis in die erste
Hälfte des V. Jahrhunderts v. Chr. hinauf, und bis ungefähr in die Mitte des III. Jahrhunderts v. Chr. herabreichen, während die Prägung der andern Reihe, wie ich
früher zu zeigen versucht habe (S. 43), nach dem letztern
Zeitpunkte begonnen zu haben scheint, um im Jahre 167
v. Chr. wiederum und für immer eingestellt zu werden.

Was Mionnet, Cousinéry, Leake, von Prokesch-Osten
u. A. von diesen beiden Münzgattungen, — theils als
leukadisch, theils irrig als lokrisch, — veröffentlicht
haben, findet sich mit wenigen Ausnahmen in den vor-
trefflichen Beschreibungen des Inselmünzen-Kataloges von
Postolakka (Nr. 555—890) vereinigt, und durch etwa 140
neue Varietäten vermehrt. Diesen füge ich noch die folgenden bei:

1. Æ 20 Mm., Grm. 8·15 (vernutzt). — Pallaskopf linkshin zwischen vier als Punkte eines Viereckes
disponirten Kugeln; hinter dem Kopfe ⌐,
und unter demselben F. Die unsichtbare Ledermütze unter dem Helme ist ohne Nackenschirm.

℞ ⌐. Rechtshin fliegender Pegasos mit einwärts
gekrümmten Flügeln.

M. S., abgebildet in Huber's Num. Zeitschrift,
1871, Taf. X, 22. — Aehnlich Postolakka's
Nr. 559.

1ᵃ. Æ 20 Mm., Grm. 8·56. — Pallaskopf linkshin, mit
Nackenschirm und Schweif am Helme; links
über diesem ein auffliegender Vogel; hinter dem
Kopfe ∧ und eine Palmette. Vertieftes Viereck.

℞ ∧. Pegasos wie auf Nr. 1.

M. S. — Abgebildet Taf. III, Nr. 9.

2. Æ 22 Mm., Grm. 8·39. — Pallaskopf linkshin; links über
ihm ein kleines ⌒; hinter dem Kopfe eine
Schale von innen gesehen, oder der Omphalos?
Vertieftes Viereck.

℞ Λ. Linkshin fliegender Pegasos mit einwärts gebogenen Flügeln.

Brit. Museum; abgebildet Taf. III, Nr. 10.
— Mus. Santangelo Neapel, Nr. 10510.

3. Æ 21 Mm., Grm. 8·33. — Pallaskopf linkshin; darüber
Σ; hinter dem Kopfe eine Weintraube mit
zwei Blättern. Runde Vertiefung.

℞ Λ. Rechtshin fliegender Pegasos mit einwärts
gekrümmten Flügeln.

M. S.

4. Æ 21 Mm. — Pallaskopf linkshin; darunter Σ; hinten
eine Weintraube.

℞ Identischen Stempels, wie Nr. 3, 5 und 6.
Paris.

5. Æ 21 Mm., Grm. 8·52. — Pallaskopf rechtshin; darüber
Σ; hinter dem Kopfe eine Weintraube mit
Ranken.

℞ Identischen Stempels, wie Nr. 3, 4 und 6.
M. S. — Postolakka, Nr. 565[a].

6. Æ 21 Mm., Grm. 8·45. — Pallaskopf rechtshin; hinter
ihm ein Kantharos.

℞ Identischen Stempels, wie Nr. 3 bis 5.
M. S. — Postolakka, Nr. 564.

6ᵃ. Æ 21 Mm., Grm. 8·38. — Pallaskopf linkshin, ohne
Nackenschirm unter dem Helme; dahinter ⵣ
und eine Kammmuschel.

℞ Linkshin fliegender Pegasos, mit einwärts gebogenen Flügeln; darunter (etwas undeutlich)
ΛΕΥ.

Brit. Museum.

7. Æ 15 Mm., Grm. 2·67. — Weiblicher Kopf mit schmaler
Binde linkshin; hinter ihm ⌒. Vertieftes Viereck.

℞ ⌒. Linkshin fliegender aufgezäumter Pegasos mit
einwärts gebogenen Flügeln.

M. S., abgebildet Taf. III, Nr. 11. — Cf.
Postolakka, Nr. 568 und Mionnet, Suppl. III,
486, 7.

8. Æ 11 Mm., Grm. 0·85. — Linkshin fliegender aufgezäumter Pegasos mit einwärts gekrümmten Flügeln; darunter Λ.

℞ In einem vertieften Vierecke ΔΙΟ und der auf-
springende Pegasos mit einwärts gebogenen
Flügeln, von vorn gesehen, etwas linkshin
geneigt.

M. S.

Varietäten dieser Münze finden sich bei Postolakka,
Nr. 571 und 572, und bei Leake, Num. Hell. Eur. Gr. S. 62
und Suppl. S. 130, mit ΔΙΩ und Δ. Prokesch's Lesungen
ΔΥ und ΛΟ, in seinen Inedita 1854 und 1859 sind gewiss
falsch. Der Erklärung der Aufschriften ΔΙΟ und ΔΙΩ,
welche Percy Gardner und ich im Numismatic Chronicle
1871, S. 162 und 1873, S. 7 ff. als Werthbezeichnung für
Διώβολον gedeutet, wüsste ich hier nichts beizufügen.

9. Æ 11 Mm., Grm. 0·92. — Linkshin fliegender Pegasos
mit einwärts gekrümmten Flügeln; darunter Λ.

℞ Linkshin s c h r e i t e n d e r Pegasos mit gleich-
geformten Flügeln; unter dem erhobenen rechten
Vorderbeine Λ. Concaves Feld.
M. S. — Cf. Postolakka, Nr. 651.

10. Æ 11 Mm., Grm. 0·87. — Linkshin fliegender Pegasos
mit spitzen Flügeln; darunter Λ.

℞ Linkshin s c h r e i t e n d e r Pegasos mit einwärts
gebogenen Flügeln; darunter Λ.
M. S. — Cf. Postolakka, Nr. 573.

11. Æ 11 Mm., Grm. 0·83. — Wie Nr. 10, mit beiden
Typen r e c h t s h i n.　　.
M. S.

12. Æ 10 Mm., Grm. 0·67. — $\frac{\text{H I}}{\text{T P}}$ für TPIHμιωβόλιον. Gorgoneion mit heraushängender Zunge. Vertieftes
Viereck.

℞ Λ. Linkshin fliegender Pegasos mit einwärts
gebogenen Flügeln; über dessen Rücken ein
D r e i z a c k.
M. S. — Cf. v. Prokesch-Osten, Inedita 1854,
S. 40. — Num. Chronicle, XIX, S. 235, und mein
Aufsatz „l'inscription TPIH" in derselben Zeit-
schrift 1873, S. 1—18.

13. Æ 10 Mm., Grm. 0·69. — Gorgoneion mit Schlangen-
haar, ohne heraushängende Zunge; rechts unter
demselben Σ·

B) **A.** Linkshin fliegender Pegasos mit spitzen Flügeln.

M. S., abgebildet in meinem „Choix de monnaies grecques", Taf. I, 38. — Cf. Postolakka, Nr. 645.

Aehnliche und zum Theile bis auf die Schriftzeichen identische Münzchen, wie Nr. 8—13, sind von Korinth, und in wenigen Exemplaren auch von Anaktorion (Nr. 16 und 17) bekannt; die leukadischen fallen in die Zeit, als die Stadt mit Korinth, und noch nicht mit den Akarnanen im Bunde war.

Das Zeichen Σ oder Ƨ, welches Postolakka auf einem Diobolon[96]) für die Initiale des Namens Stratos ausgibt, erscheint auch auf unzweifelhaft der nämlichen Epoche angehörenden Statern (Nr. 3—5), Drittelstatern oder Drachmen (hier abgebildet auf Taf. III, Nr. 12 = Postolakka Nr. 640), und Tribemiobolien (obige Nr. 13). Offenbar hat der Buchstab für alle diese Nominale eine und dieselbe Bedeutung. Sollte er, wie Postolakka meint, auf den Namen einer mit Leukas im Münzverbande stehenden Stadt zu beziehen sein, — eine Ansicht, die ich nicht zu theilen vermag, — so wäre dafür gewiss eher an Syrakus als an Stratos zu denken. Das Leukas sehr nahe gelegene Sollion könnte hier desswegen nicht in die Wahl kommen, weil es seine Autonomie schon seit 431 v. Chr. verloren hatte.

---

[96]) Postolakka, a. a. O., Nr. 888, Taf. V. — Dieselben Zeichen sind auch auf ungefähr gleichzeitigen korinthischen und syrakusanischen Pegasosmünzen zu treffen.

---

14. Æ 23 Mm., Grm. 8·50. — Pallaskopf linkshin; dahinter Γ.

 ℞ Λ. Linkshin fliegender Pegasos, mit spitzen Flügeln.

 J. P. Six. — Cf. Postolakka, Nr. 616, mit Γ und Stern und Nr. 596 mit Γ und ΛΕΥΚΑΔΙΩΝ. Ein Exemplar der letzten Varietät, in der Wiener Sammlung (Grm. 8·52), ist mit dem identischen Pegasosstempel geprägt, wie Nr. 14.

15. Æ 23 Mm., Grm. 8·52. — ΛΕΥ über dem Pallaskopfe linkshin; dahinter ein boeotischer Schild und ein Hermesstab.

 ℞ Λ. Linkshin fliegender Pegasos.

 M. S. — Cf. Postolakka, Nr. 598, und Consinéry, Essai, Taf. III, 15, beide ohne den Hermesstab.

16. Æ 22 Mm., Grm. 8·35. — ΛΕΥ hinter dem Pallaskopfe linkshin; vor ihm ein boeotischer Schild und ein Hermesstab.

 ℞ Λ. Linkshin fliegender Pegasos; über dessen Rücken Θ.

 M. S. — Cf. Postolakka, Nr. 886, ohne ΛΕΥ, Vereinsmünze von Leukas und Thyrreion.

17. Æ 23 Mm., Grm. 8·40. — ΛΕΥ über dem Pallaskopfe linkshin; dahinter eine Frucht zwischen zwei Blättern (Oelzweig).

 ℞ Λ. Linkshin fliegender Pegasos.
 M. S.

17ᵃ. Æ 23 Mm. — ΛΕΥ über dem Pallaskopfe linkshin; dahinter ein Ephenzweig mit drei Blättern und zwei Beeren.

℞ Identischen Stempels wie Nr. 17.
Mus. naz. Neapel, Nr. 7006.

18. Æ 24 Mm., Grm. 8·50. — ΛΕΥ. Pallaskopf linkshin; dahinter ein Kantharos.

℞ Λ. Linkshin fliegender Pegasos.
München. — Cf. Postolakka, Nr. 606, mit Kantharos und Ν. — Mit dem identischen Kehrseitestempel wie Nr. 18 und 23 sind Exemplare der Stater mit Palmette, Amphora und Murex (Post.Nr.599, 607 und 610) geprägt.

19. Æ 21 Mm., Grm. 8·42. — ΛΕΥ. Pallaskopf linkshin; dahinter ein Weinstock mit vier Trauben.

℞ Λ—Ε. Linkshin fliegender Pegasos.
M. S., abgebildet in meinem „Choix de monnaies grecques", Taf. II, 49 und in Fiorelli's Osservazioni 1843, Taf. II, 17; — Postolakka, Nr. 608.

20. Æ 22 Mm., Grm. 8·22. — Wie Nr. 19; der Weinstock hat zwei Trauben und drei Blätter.
M. S.

21. Æ 23 Mm., Grm. 8·10. — ΛΕΥ. Pallaskopf linkshin; dahinter ein Polyp.

℞ Λ—Ε. Linkshin fliegender Pegasos.
M. S.

22. Æ 22 Mm., Grm. 8·24. — ΛEY. Pallaskopf linkshin; dahinter eine Hand, den Hermesstab haltend.

℞ Λ. Linkshin fliegender Pegasos.
Berlin; — cf. Postolakka, Nr. 600.

23. Æ 22 Mm., Grm. 8·36. — Pallaskopf linkshin, von drei Epheublättern, — je eines zwischen zwei Buchstaben der Aufschrift Λ — E — Y, — umgeben.

℞ Linkshin fliegender Pegasos, identischen Stempels wie Nr. 18.
M. S.; Hs. abgebildet Taf. III, Nr. 13. — Berlin.

24. Æ 20 Mm. — Pallaskopf rechtshin; dahinter ƎΛ und eine sich emporrichtende Schlange.

℞ Rechtshin fliegender Pegasos.
Sammlung Ad. v. Rauch. — Postolakka's Nr. 592 hat Λ statt ƎΛ; und ein Exemplar des Münchner Kabinets, ohne Zeichen im ℞, zeigt ebenfalls nur Λ hinter dem Kopfe.

25. Æ 20 Mm., Grm. 8·35. — Pallaskopf rechtshin; dahinter ein grosses Weinblatt mit Zweig und Ranken.

℞ Rechtshin fliegender Pegasos.
M. S.—Dieser anepigraphische Stater reiht sich Postolakka's Nr. 578 an, mit Λ hinter dem Pallaskopfe. Ein anderes ähnliches Exemplar zeigt Λ — E zu beiden Seiten des Blattes. Schliesslich ist hier auch die Varietät zu erwähnen, welche neben einem kleinen Weinblatte mit dem

Buchstaben Λ, und im ₿ mit K (vielleicht für Korkyra) bezeichnet ist (Postolakka, Nr. 883 und m. S. Grm. 8·58).

26. Æ 21 Mm., Grm. 8·48. — Pallaskopf rechtshin; dahinter Λ und ein grosser Hermesstab.

₿ Λ. Linkshin fliegender Pegasos.
M. S.

27. Æ 21 Mm., Grm. 8·25. — Wie Nr. 26, ohne Λ.

₿ Identischen Stempels wie Nr. 26.
M. S. — Postolakka, Nr. 586.

28. Æ 20 Mm., Grm. 8·45. — Pallaskopf rechtshin; dahinter Λ und eine Amphora mit einem Weinstocke links daneben.

₿ ΛEY unter dem rechtshin fliegenden Pegasos.
M. S. — Postolakka, Nr. 589, mit Λ an der Stelle des Λ.

29. Æ 24 Mm., Grm. 8·62. — Pallaskopf rechtshin; dahinter Λ und eine Amphora nebst Weinstock.

₿ MYT unter dem rechtshin fliegenden Pegasos.

Dieser Stater ist in Pemhroke's Numismata antiqua II, Taf. XV, F, publicirt; im Verkaufskataloge der Sammlung, Nr. 637, ist die als undeutlich (blurred) bezeichnete Aufschrift unter dem Pegasos irrig mit ΛEYK angegeben. Ein schön erhaltenes Exemplar dieser Münze, im Wiener Kabinete (abgebildet Taf. III, Nr. 14), zeigt deutlich MYT auf der Reversseite, vermuthlich die Anfangsbuchstaben eines Beamtennamens, wie z. B. die an der gleichen Stelle vorkommenden Buchstaben EY des Staters Nr. 43 von

Anaktorion. Das Wiener Stück, dessen Aussehen zu keinen die Authenticität betreffenden Zweifeln berechtigt, hat das ungewöhnlich hohe Gewicht von Grm. 9·35 aufzuweisen, was wohl einem Versehen beim Gusse zuzuschreiben ist. [97]

30 Æ 21 Mm., Grm. 8·51. — Pallaskopf linkshin; dahinter **A** und ein menschliches Auge.

  ℞ **Λ**. Linkshin fliegender Pegasos.
    M. S.; — Brit. Museum, abgebildet bei Panofka, Commentar zu Pausanias, Taf III, 2.

31. Æ 20 Mm., Grm. 8·24. — Pallaskopf linkshin; hinter ihm eine Pferdebüste linkshin. Auf dem Helm-kessel in runder Contremarke der Buchstab **A** in einem erhabenen Kreise.

  ℞ **Λ**. Linkshin fliegender Pegasos.
    Wien. — Postolakka, Nr. 628, ohne die Ein-stempelung.

32. Æ 22 Mm., Grm. 8·45. — Pallaskopf linkshin; dahinter eine brennende Fackel auf rundem Schilde.

  ℞ Linkshin fliegender Pegasos.
    M. S.

33. Æ 20 Mm., Grm. 8·48. — Pallaskopf linkshin; hinter demselben **Λ** und ein jugendlicher Kopf mit der phrygischen Mütze linkshin.

  ℞ **Λ**. Linkshin fliegender Pegasos.
    Brit. Museum; Hauptseite abgebildet Taf. III, Nr. 15. — M. S. Grm. 8·27.

---

  [97]) Grm. 9·04 erreicht auch ein Pegasosstater von Thyrreion, Nr. 4.

34. Æ 21 Mm., Grm. 8·50. — Pallaskopf linkshin; dahinter
   Λ und ein Hippokamp rechtshin.

   ℞ Rechtshin fliegender Pegasos.
      München; — cf. Postolakka, Nr. 635.

35. Æ 21 Mm. — Pallaskopf linkshin; hinter ihm EY und
   ein Angelhaken.

   ℞ Λ. Linkshin fliegender Pegasos.
      Berlin; — cf. Postolakka, Nr. 622, mit EY
      und angeblich Pedum; und die unter Echinos
      beschriebene Münze mit E und Angelhaken, ohne
      Λ auf der Reversseite. [98])

36. Æ 20 Mm., Grm. 8·40. — ΛEYKAΔI um den rechtshin
   gewendeten Pallaskopf herum; hinter demselben
   ein Angelhaken.

   ℞ Rechtshin fliegender Pegasos.
      M. S., Hauptseite abgebildet Taf. III, Nr. 16. —
      Postolakka's Nr. 574 ist dem gleichen Kopfseite-
      stempel entsprungen wie obiges Exemplar; doch
      zeigt es zwischen Kopf und Beizeichen in feinen
      Zügen den Buchstaben Λ, welcher nachträglich
      aus dem Stempel weggeglättet worden zu sein
      scheint. Seltsam ist die gezierte Schrift der
      Münze.

---

[98]) Ein Stück, das man seines Monogrammes wegen nach
Metropolis zu geben versucht hat, gehört mit mehr Wahrschein-
lichkeit hieher, oder nach Korinth:
Æ 13 Mm., Grm. 1·74. — Lorbeerbekränzter Apollokopf linkshin
      vor ihm, ⊠; hinten ein Angelhaken.
   ℞ Rechtshin fliegender Pegasos.
      M. S. — J. P. Six, Grm. 1·68, mit ⋈ und gleichem Symbol.

37. Æ 21 Mm. — Wie Nr. 36, mit ΛE — Y vor und unter
    dem Kopfe.

 ℞ Rechtshin fliegender Pegasos identischen
    Stempels wie Nr. 42ᵃ.
    Neapel, Mus. Santangelo, Nr. 10544.

38. Æ 21 Mm., Grm. 8·35. — Pallaskopf rechtshin; da-
    hinter ein Kyathos (Simpulum).

 ℞ Λ. Rechtshin fliegender Pegasos, den Kopf auf
    die Brust eingezogen.
    M. S. — Abgebildet Taf. III, Nr. 17.

39. Æ 21 Mm., Grm. 8·10. — Wie Nr. 38, mit Λ zwischen
    Kopf und Beizeichen.

 ℞ Identischen Stempels wie Nr. 38 und 40.
    M. S.

39ᵃ. Æ 21 Mm., Grm. 8·22. — Wie Nr. 39, Pegasos mit
    gewöhnlicher Kopfstellung.
    M. S.

40. Æ 22 Mm., Grm. 8·52. — Pallaskopf linkshin; hinter
    ihm ein Kyathos.

 ℞ Identischen Stempels wie Nr. 38 und 39.
    Wien.

Die ungewöhnliche Kopfstellung und überspannte
Bewegung des Pegasos auf der Rückseite der drei
letzten Münzen, erinnert an das ganz ähnliche Pegasosbild der anaktorischen Stater Nr. 44—46, welche
ebenfalls den Reversstempel gemein haben. Es scheint
dieser Umstand auf die ungefähre Gleichzeitigkeit dieser
Prägungen hinzudeuten.

41. Æ 23 Mm., Grm. 8·50. — Pallaskopf rechtshin; hinter
  ihm Λ und eine lilienförmige Blume mit drei
  hohen Staubfäden.

  ℞ Λ. Rechtshin fliegender Pegasos.
  Brit. Museum; Haupts. abgebildet Taf. III,
  Nr. 18.

42. Æ 21 Mm., Grm. 8·45. — Pallaskopf rechtshin; dahinter Λ und ein Thyrsos mit Tänie.

  ℞ Linkshin fliegender Pegasos ohne Buchstab.
  Wien.

42ᵃ. Æ 22 Mm. — Pallaskopf rechthin; vor und unter
  demselben ΛΕ—Υ; hinten ein Tyrsos mit Tänie.

  ℞ Rechtshin fliegender Pegasos identischen
  Stempels wie Nr. 37.
  Sammlung des Marchese C. Strozzi in Florenz.

43. Æ 20. Mm., Grm. 8·20. — Pallaskopf rechtshin; dahinter Λ und ein Mastbaum mit Segelstange.

  ℞ Λ. Rechtshin fliegender Pegasos.
  M. S.

44. Æ 23 Mm., Grm. 8·35. — Pallaskopf linkshin; dahinter
  Λ und ein Mastbaum mit Segelstange; unter
  dem Halsabschnitte ΑΓ.

  ℞ Λ. Linkshin fliegender Pegasos.
  M. S. — Cf. Mionnet, Suppl. III, 461, 45,
  mit Æ.

45. Æ 17 Mm., Grm. 3·85 (etwas vernutzt). — Λ. Bellerophon mit Hut und Chlamys auf dem rechtshin springenden Pegasos, in der erhobenen

rechten Hand den abwärts gerichteten Speer
schwingend.

ℬ Rechtshin schreitende Chimära.

M. S. Abgebildet Taf. III, Nr. 19. — Cf.
Mionnet, Suppl. III, 461, 49, und die interessante
Varietät bei Postolakka, Taf. II, Nr. 639.

Dieser künstlerisch schön ausgeführte Hemistater,
dessen beide Bilder eine Darstellung geben, stammt offenbar aus der ersten Hälfte des IV. Jahrhunderts v. Chr. und
entspricht genau bekannten korinthischen Vorbildern.[99])
Keine andere mit korinthischen Typen prägende Stadt hat
Drachmen dieses Gewichtes und mit diesen Typen aufzuweisen, selbst nicht Anaktorion, das sonst, wie Leukas, die
korinthischen Theilmünzen bis zu den kleinsten hinunter
nachgeahmt hatte. Es ist diese Erscheinung leicht aus dem
Umstande abzuleiten, dass Leukas eben länger denn alle
übrigen in dieser Gegend von Korinth gegründeten Städte
im Münzverbande mit der Mutterstadt verblieben war.
Wann dieses Verhältniss aufgehört hat, ist nicht genau
zu ermitteln. Wahrscheinlich hatte sich die Insel schon
vor Beginn des lamischen Krieges eine von Korinth unab-
hängige politische Stellung errungen, um bald nach 314
v. Chr. die erste Stelle im Bunde der Akarnanen einzunehmen.

Dem Hemistater Nr. 45 gleichzeitig ist zum Theil die
schon früher (S. 22) erwähnte Serie gleichtypigen Kupfergeldes, von welcher hier behufs Berichtigung die Beschreibung eines Stückes folgt:

---

[99]) Vergl. Num. Chron. 1871, Taf. VI, 1.

46. Æ. 17 Mm., Grm. 4·25. — Bellerophon rechtshin, wie
auf Nr. 45.

℞ Linkshin schreitende Chimära; darüber A⊙A;
im Abschnitte, ΛEY.

M. S. — Postolakka's Nr. 712 hat die unvoll-
ständige Aufschrift ⊙A.

Der Zeit Alexander's des Grossen scheinen die oft mit
dem Buchstaben Ξ bezeichneten Bronzemünzen anzugehören, [100]) von denen die nachstehende Postolakka's
Nr. 724 ähnlich ist:

47. Æ 16 Mm., Grm. 4·77. ΛEYKAΣ vor einem linkshin gewendeten weiblichen Kopfe, welcher mit einer
über der Stirn spitz zulaufenden Stephane, mit
Ohrgehäng und Halsband geschmückt ist. Hinter
demselben Ξ.

℞ Ein abwärts gerichteter Dreizack zwischen dem
Buchstaben Ξ links, und einer Weintraube
rechts im Felde.

Wien. — Ein zweites Exemplar, bis auf die
Beischrift des Kopfes besser erhalten als jenes,
befindet sich in meiner Sammlung (Grm. 5·50).

Während auf den alten Münzen Siciliens und Gross-
griechenlands, sowie auf kleinasiatischen der Kaiserzeit,
ein Stadtname im Nominativ nicht zu den ungewöhn-
lichen Erscheinungen gehört, wird im eigentlichen Hellas
diese Aufschriftsform nur sehr selten getroffen. Wenn
letzteres aber der Fall ist, so gibt das Wort gewöhnlich

---

[100]) Postolakka a. a. O. Nr. 724 — 730, und 736 — 739. — Mit
dem nämlichen Zeichen sind auch die Pegasosstater Nr. 625
und 626 versehen.

zugleich die Deutung des sich daneben befindenden Münzbildes. So ist auch **ΛΕΥΚΑΣ** nicht als blosser Ortsname, sondern, wie z. B. **ΑΚΤΙΑΣ** auf der anaktorischen Münze Nr. 19, als erklärende Beischrift des weiblichen Kopfes aufzufassen; und zwar haben wir hier vor uns die personificirte Localgottheit, ἡ Λευκάς. [101]

Bei dem Versuche einer chronologischen Ordnung und Bestimmung der für den akarnanischen Bund geprägten Münzen ist am Schlusse auch der leukadischen Didrachmen gedacht worden, deren Typen die folgenden Beschreibungen vorführen.

48. R 23 Mm., Grm. 8·12. — Weibliche Gottheit im Doppelchiton, rechtshin auf einer Basis stehend. In der linken Hand hält sie ein Aphlaston (aplustre) und neben ihr links zur Seite steht ein Hirsch rechtshin. Das Ganze ist von einem Lorbeerkranze umgeben.

℞ Schiffsvordertheil rechtshin, mit der χηνίσκος genannten Akrostolionform, Schiffsauge und überwölbtem Verdeck. Das προεμβόλιον ist

---

[101] Mit dem Kopfschmucke der ἡρωὶς ἐπώνυμος von Leukas, — welcher insofern nichts Charakteristisches an sich hat, als er verschiedenen Gottheiten, wie der Aphrodite, Hera und Artemis zukommen könnte, — erscheint auch die Τυνδαρίς, welche F. von Duhn in A. von Sallet's Zeitschrift für Numismatik, III, S. 27—39, Taf. I, 5 und 6, auf Münzen von Tyndaris nachgewiesen, und als Helena erklärt hat. — Eine Reihe Beispiele solcher Personificationen bei den Griechen gibt K. Purgold, Archaeol. Bemerkungen zu Claudian und Sidonius, Gotha 1878, S. 13 ff., darunter Korinthos von der Leukas bekränzt, welch' letztere als ideale Frauengestalt erscheint.

ohne den Schmuck eines Thierkopfes. Ueber dem
Deck, **ΛΕΥΚΑΔΙΩΝ**; ℞ im Felde, rechts, **ΔΑΜΥ-
ΛΟΣ**.

Paris; Mionnet, II, 82, 30, und Nouvelle Ga-
lerie mythologique, Taf. XLVII, 2; — abgebildet Taf. I, Nr. 13.

49. Æ 24 Mm·, Grm. 8·19. — Die Typen in allen
Einzelheiten, wie auf Nr. 48; über der Prora
ΛΕΥΚΑΔΙΩ — N
ΜΕΝΕΚΛΗΣ, und zwei Dioskurenmützen;
rechts im Felde ℞.

Wien, = Mionnet, Suppl. III, 463, 65; — Postolakka, Nr. 684.

49ᵃ Æ 23 Mm., Grm. 7·78. — Wie Nr. 48; über der Prora
ΛΕΥΚΑΔΙΩΝ
. . . ΣΤΟΚΛΗΣ; im Felde rechts ℞.
Brit. Museum.

50. Æ 24 Mm., Grm. 7·93. — Weibliche Gottheit im
Doppelchiton rechtshin auf einer Basis stehend,
in der rechten Hand das Aphlaston haltend;
über ihrem Kopfe eine Mondsichel; neben ihr
ein rechtshin stehender Hirsch, und hinter ihr
ein aufgerichtetes Scepter, auf dessen Spitze
eine Taube rechtshin sitzt. Das Ganze in einem
Lorbeerkranze.

℞ **ΛΕΥΚΑΔΙΩΝ**
ΔΑΜΥΛΟΣ über einem Schiffsvordertheil mit
einwärts gebogenem Akrostolion rechtshin,
und einem Vorcastell, ohne Auge; am προεμ-

βόλον ein Löwenkopf; im Felde rechts ℞ (unvollständiges Monogramm).

Wien.

51. Æ 23 Mm., Grm. 8·05. — Hauptseite wie Nr. 50; auf dem rechten Vorderarm der Göttin sitzt eine Eule mit erhobenen Fittigen von vorn.

℞ Aufschrift und Prora wie auf Nr. 50, letzteres ohne Vorcastell; darunter Æ.

Münzkabinet im Haag; Paris; Gr. 8· —; Postolakka, Nr. 677.

52. Æ 21 Mm., Gr. 8·33. — Wie Nr. 50.

℞ Prora wie Nr. 51; darüber, ΛΕΥΚΑΔΙΩΝ ΛΥΣΙΜΑΧΟΣ und ein weiblicher Kopf rechtshin; unter dem Schiffsschnabel (ἔμβολον) das Monogramm Æ.

Brit. Museum, abgebildet in Smith's Dict. of greek and roman geography, II, S. 170, und hier Taf. I, Nr. 14.

Der Typus der Hauptseite ist ein Standbild auf trommelförmiger Basis. Gewöhnlich wurde es für eine Artemis gehalten; der neuesten Erklärung von Ernst Curtius [102]) zufolge aber hätten wir darin die Ἀφροδίτη Αἰνειάς zu sehen, „eine amphiktyonisch verehrte See- und Schifffahrtsgöttin", die ihr Heiligthum auf einem vor dem nördlichen Eingange des Kanals liegenden Inselchen hatte. Die am häufigsten vorkommende Darstellungsweise dieser Göttin ist diejenige mit den zahlreichsten Attributen

---

[102]) Hermes, X, S. 243; die auf diese Stelle bezügliche Anmerkung 1 glaube ich mit der ersten Note dieser Abhandlung widerlegt zu haben.

(Mondsichel, Aphlaston, Eule, Hirsch nnd Taubenscepter)
wie auf Nr. 51; Nr. 50 nnd 52 zeigen sie ohne die Eule,
und Nr. 48 und 49 ohne Eule und Scepter. Einer vierten
Varietät endlich fehlt die Eule, während im Felde, hinter
dem Scepter, ein auf einem Blitze sitzender Adler erscheint. [103] Gleichzeitige Kupfermünzen zeigen sie ohne
die Mondsichel über dem Haupte, nur mit dem Aphlaston
und einem Bogen in den Händen, nnd dem Hirsch zur
Seite (Postolakka, Taf. IV, 772 und 816).

Die einfachste dieser Darstellungen (Nr. 48) scheint
zugleich auch die älteste zu sein.

Auch der andere Typus, das Vorschiff, ist verschiedenartig in Form und Schmuck seiner Bestandtheile, wie
aus den Beschreibnngen der Münzen Nr. 48, 50 und 51
hervorgeht. Diesen Darstelluugen ist ebenfalls noch eine
vierte anzureihen, diejenige mit dem Bord, τράφηξ. [104] Das
Bild mit dem χηνίσκος (Nr. 48, 49 und 49 a) gehört offenbar einer frühern Zeit an, als das andere mit den einwärts gebogenen volutenförmigen Akrostolion.

Ausser den Didrachmen, deren Gewicht Gr. 8·35
erreicht, [105] in der Regel aber unter Gr. 8 bleibt, sind bis
jetzt drei kleinere Silbermünzen bekannt geworden, mit den
Typen des Herakleskopfes einerseits, und einer von einem
Eichenkranze umgebenen Keule anderseits, nebst den
Beamtennamen:

ΔΑΜΥΛΟΣ, Mionnet, III, Taf. XIV, 9, Grm. 4·97; — Brit.
Museum, Grm. 4·85.

---

[103] T. Combe, Mus. Britan. Taf. V, 21.

[104] Postolakka, Taf. III, 676.

[105] Nr. 52 und Mionnet, II, 83, 33.

ΔΙΩΝ, Prokesch-Osten, Annali dell' Instit. archeol. 1849. S. 158, Taf. C. 7, Grm. 3·82.

ΝΙΚΟΒΟΥΛΟC, Postolakka, Taf. III, 689, Gr. 4·36.

Diese Stücke, deren Gleichzeitigkeit mit den Didrachmen nicht zu bezweifeln ist, gehören indessen nicht wie diese, dem attischen Systeme an, sondern dem akarnanischen: es sind Halbstater, wie sie häufig unter den Gaumünzen der gleichen Epoche zu treffen sind (Nr. 23 bis 35, Grm. 5·07 — 4·10).

Neben diesen beiden Münzsorten gibt es aus der nämlichen Zeit nur noch Bronzemünzen [106]) und diese tragen zum grossen Theile gleiche Magistratsnamen wie die Silbermünzen. Die Zahl der Personennamen, welche auf den Geprägen beider Metalle vorkommen, übersteigt bereits die vierzig:

		Silber	Kupfer
1	Ἀγήμων	Post. Nr. 671	—
2	Ἀνδρωνίδας	—	Post. Nr. 764/7.
3	Ἀριστοκλῆς	„ „ 672	—
4	Ἀριστομένης	„ „ 673	—
5	Ἀρτεμᾶς	—	„ „ 768 73.
6	Βαθύος	„ „ 674/5	
7	Δαμοκράτης	„ „ 676	„ „ 777/85.
8	Δακύλος	„ „ 677	„ „ 786 96.
9	Δημάρετος	—	„ . 797/801.
10	Δημήτριος	—	Eckhel.
11	Διάκριτος	„ „ 678	Post. Nr. 802/12.
12	Διοκλῆς	—	„ „ 813/15.
13	Δίων	Prokesch	„ „ 816/21.
14	Εὐκράτης	—	„ . 822/23.
15	Θεόδωρος	Post. Nr. 679	„ „ 824

---

[106]) Postolakka, a. a. O. Nr. 763/878.

		Silber	Kupfer
16	Ακράτης	—	„ „ 774,76, angeblich ΔΑΚΡΑΤΗΣ.
17	Λέων	„ „ 680/1	—
18	Λυκίσκος	„ „ 682	„ „ 825/29.
19	Λυσίμαχος	Brit. Museum	—
20	Μαραῖος	Post. Nr. 683	„ „ 830/35.
21	Μένανδρος	—	„ „ 836/43.
22	Μενεκλῆς	„ „ 684	—
23	Νικαγόρας	Gessner	—
24	Νικάνωρ	—	„ „ 844/48.
25	Νίκαρχος	—	„ „ 849/50.
26	Νικόβουλος	Post. Nr. 689	„ „ 851/52.
27	Νικομήδης	„ „ 685	—
28	Ὄψιμος	Post. Nr. 686	—
29	Πεισίλαος	Mionnet	—
30	Πετοκλῆς	Mus. Hunter,	nach Letronne Ἱεροκλῆς.
31	Πολέμαρχος	E. de Cadalvène	—
32	Στράτων	—	Post. Nr. 853/54.
33	Σύμμαχος	—	„ „ 855/56.
34	Σωκράτης	—	„ „ 857/58.
35	Σώσανδρος	—	„ „ 859
36	Σώστρατος	Post. Nr. 687	—
37	Σωτήριχος	Cat. Thorwaldsen	—
38	Σωτίων	—	„ „ 860/61.
39	Τιμόθεος	—	„ „ 862/63.
40	Ὑπερβάλλων		
	Ἀγέμονος?	Mus. Hunter 107)	—
41	Φίλανδρος	Post. Nr. 688.	„ „ 864/66.
42	Φιλήμων	—	„ „ 867
43	Φιλήμων Φιλήμονος	—	„ „ 868.
44	Φιλιστ...	—	„ „ 869/72.
45	Φιλώτας	—	„ „ 873/76.

---

107) Combe's Lesung des Hunter'schen Stückes ist **ΥΠΕΡ-ΒΑΛΛΟ ΑΓΕΜΟΝΑ.** Im Anctionskataloge Huber, Nr. 352, erscheint ein ähnliches Didrachmon mit **ΥΠΕΡΒΑΛΛΩΝ.**

Auf die verschiedenen Beizeichen und Monogramme trete ich hier nicht speciell ein; es sei nur bemerkt, dass unter den letzteren besonders häufig die
Formen 𝕏 und ℛ auftreten; 𝔸 erscheint nur einmal,
hat natürlich dieselbe allgemeine Bedeutung wie die
übrigen Monogramme der Gruppe, und ist demnach nicht,
wie schon wiederholt betont wurde, [108]) als das Zeichen
des akarnanischen Bundes aufzufassen.

Berücksichtigt man nun, dass zu den aufgezählten
leukadischen Beamtennamen mit der Zeit noch weitere
zu unserer Kenntniss gelangen können, — dass die Annahme,
diese Namen seien auf Magistratspersonen mit durch-
schnittlich mindestens einjähriger Amtsdauer zu beziehen,
die denkbar bescheidenste ist, — dass hin und wieder der
gleiche Name von zwei oder mehr dieser Beamten geführt
worden sein konnte, — und endlich, dass Fälle der Wieder-
wahl einer und derselben Persönlichkeit, oder deren
längeres Verbleiben im Amte, nicht nur wahrscheinlich sind,
sondern aus einzelnen besonders reichen und verschiedenartigen Prägungen, wie z. B. denjenigen des Δαμύλος, [109]) —
insofern dieser Name stets die gleiche Person bezeichnet, —
sogar sicher hervorgehen, — so ergibt sich für die Prägung der in Rede stehenden Gruppe leukadischer
Münzen ein Zeitraum von wenigstens sechzig bis

---

108) Leicester-Warren, Greek Federal Coinage, S. 15, Anm. 3;
E. Curtius, Hermes X, S. 243, Z. 16; Fr. Lenormant, Mélanges de
Numismatique, II, 1877, S. 330.

109) Man beachte die analoge Erscheinung bei den Gaumünzen
welche den Namen des Lykurgos tragen, und mit den Prägungen
des Damylos darin übereinstimmen, dass sie die zahlreichsten,
schönsten und zugleich die ältesten der Gruppe sind; auch
haben beide Serien die Monogrammformen ℛ und ℛ gemein.

siebenzig Jahren. Ist aber die Voraussetzung richtig,
wie ich glaube, dass mit dem Jahre 167 v. Chr., als die
Insel unter nnmittelbare römische Herrschaft gerieth,
Lenkas das Münzrecht gänzlich verloren hatte, so folgt
hieraus und aus der so eben berechneten ungefähren Daner
der letzten lenkadischen Prägung, dass diese nm die Mitte
des III. Jahrhunderts v. Chr. oder kurz nachher begonnen haben mnsste. Den Anfang damit scheint jener
Damylos gemacht zu haben, dessen zuerst beschriebenes
hübsches Didrachmon (Nr. 48), mit der ältesten Aphro-
diteu- und Schiffsdarstellung, stilistisch vortrefflich
in die bezeichnete Epoche passt.

Zum Schlusse erwähne ich noch eine kleine, hieher
gehörige Bronzemünze:

53. Æ 13 Mm., Grm. 1·15. — Rechtshin stehender Hirsch.

  ℞ Stern über der Höhlung einer Mondsichel; unter
      dieser, in bogenförmiger Umschrift, ΛΕΥΚΑ-
      ΔΙΩΝ.
        M. S. — Univ. Bologna; — Leake, a. a. O.
      S. 63.

Der Hirsch erinnert an die Didrachmen mit der weiblichen Gottheit, Stern und Mondsichel an Nr. 33 der Gau-
mlinzen.

———

Limnaia.

429 v. Chr. Der Flecken Limnaia wird von den Peloponnesiern ver-
      wüstet.
      Thukyd. II, 80.
426 „ „ Auf seinem Zuge gegen Argos berührt Eurylochos
      Limnaia.
      Thukyd. III, 106.

218 v. Chr. Philipp V. landet bei Limnaia.
Polyb. V, 5, 6 und 14.

Limnaia wird zur Zeit des peloponnesischen Krieges als **offener Flecken** geschildert, und scheint später ebensowenig ein befestigter Ort gewesen zu sein. Es sind auch keinerlei Münzen von daher bekannt. Als Ortschaft scheint demnach Limnaia, dessen Name wohl auf das ganze lange Seethal und vielleicht auf einiges Gebiet nördlich darüber hinaus übertragen war, von geringer Bedeutung gewesen zu sein. [110] Als Hafenplatz und Festung dieses Gebietes könnte man die Stadt Herakleia betrachten.

Medeon.

426 v. Chr. Eurylochos mit seinen Peloponnesiern zieht auf seinem Marsche aus Aetolien nach der Amphilochia an der Grenze von Medeon hin.
Thukyd. III, 106.

231 „ „ Von den Aetolern belagert, wird Medeon durch den Illyrerkönig Agron befreit.
Polyb. II, 2 und 3.

191 „ „ König Antiochos besetzt die Stadt.
Livius, XXXVI, 11 und 12.

In den ausgedehnten, aber unansehnlichen Ruinen bei Katuna, etwa sieben Kilometer südlich von der Küste des ambrakischen Meerbusens, wurde von Leake und Heuzey [111] das akarnanische Μεδεών erkannt.

[110] Cf. Bursian, Geogr. von Griechenland, I, S. 110—111.
[111] Leake, North. Greece, III. 503 und 575; Heuzey a. a. O. S. 347 ff.

Münzen mit der vollständigen Aufschrift des Stadtnamens sind bis jetzt nicht zu Tage getreten. Die Pegasosstater mit dem Zeichen ΜΕ, die man versucht sein möchte
Medeon zuzuweisen, sind von unteritalischer Fabrik und
gehören vermutblich der Brettischen Stadt Mesma an. [112]
Dagegen gibt es eine kleine Reihe Kupfermünzen, — von
denen diejenigen mit den Typen des Dreifusses und der
Eule ihren Fundorten nach sicher akarnanisch sind,
— welche unbedenklich Medeon zugeschrieben werden
dürfen.

1. Æ. 17 Mm., Gr. 5·50. — Lorbeerbekränzter jugendlicher Kopf mit kurzen Haaren linkshin; darunter
   ΜΕ.

   ℞ Grosses **A** in einem Lorbeerkranze.
   M. S. — Brit. Museum; abgebildet Taf. I,
   Nr. 15.

2. Æ. 17 Mm. — Derselbe Kopf linkshin.

   ℞ Grosses **M** in einem Lorbeerkranze.
   Brit. Museum.

Man hat diese beiden Münzen Akarnanien gegeben
(Lambros, Brit. Museum); ob mit Recht, vermag ich nicht
sicher zu entscheiden. Kopf und Kranz sind von schöner
Ausführung. Das grosse **A** des ersten Stückes könnte etwa
auf Aktion, das Bundesheiligtum der Akarnanen, gedeutet,
und das **M** des zweiten, **Σ** gelesen werden.

3. Æ. 18 Mm. — Lorbeerbekränzter Apollokopf, mit langen
   Haaren, rechtshin.

---

[112] Cf. Anm. 5. — Der bei Metropolis eingereihte Stater
Nr 3, mit **M**, ist akarnanisch, und könnte allenfalls hieher gehören.

℞ **M—E**. Dreifuss.

    Sammlung Soutzo in Athen, Revue num. 1869.
        S. 175, Taf. VI, 11.

4. Æ. 18 Mm. — Derselbe Kopf rechtshin.

℞ **ME** links, **ΦΙ** rechts neben einem Dreifuss mit
Tänien.

    Berlin, aus der Prokesch'schen Sammlung
(Inedita 1859, S. 34, 3).

5. Æ. 20 Mm. — Pallaskopf rechtshin.

℞ **M—E**. Dreifuss.

    Berlin, aus derselben Sammlung; Num. Zeit-
schrift 1870, S. 268.

6. Æ. 16 Mm. — Derselbe Kopf rechtshin.

℞ **ƎM** links, **ΙΦ** rechts neben einer linkshin stehenden Eule.

    Sestini, Descr. num. vet. 1796, Taf. I, 12 und
Lettere contin. VII, S. 3, 1; — Mionnet, Suppl.
I, 304, 703. Irrig Metapont und dem sicilischen
Megara zugetheilt.

7. Æ. 16 Mm. — Wie Nr. 6, mit **ME — ΦΙ**. Am verzierten
Helme herabhängende Ohrklappen.
    Biblioth. Turin; abgebildet Taf. I Nr. 16.
    Sestini, Lettere contin. VII, S. 4, Nr. 3.

8. Æ. 16 Mm. — Wie Nr. 7, mit **ME — ΦΙ** und rechtshin
gewendeter Eule.
    Bibliothek Turin.

    Aehnliche Prägungen mit Pallaskopf und Eule haben
auch Argos und Thyrreion aufzuweisen.

Metropolis.

219 v. Chr. — Metropolis, im Besitze der Aetoler, wird von Philipp
    verbrannt.
        Polyb. IV, 64. Sonst nur noch von Stephanos Byz.
    erwähnt.

Von den zur Erklärung des Monogrammes 𝖬 in Betracht kommenden akarnanischen Ortschaften: Melos, [113]
Metropolis bei Argos [114]) und der Stadt Metropolis, welche
zwischen Astakos und Stratos gelegen war, [115]) kann nur
die letztere den Rang einer Prägstätte beanspruchen, und
es mögen ihr die folgenden Stater zugetheilt werden.

1. Æ 22 Mm., Grm. 8·22. — Pallaskopf linkshin; dahinter
   𝖠 und eine rechtshin kämpfende Pallas auf
   rundem Schilde.

   ℞ 𝖬. Linkshin fliegender Pegasos, dessen beide
   Flügelspitzen sichtbar sind.
        M. S. — Six, Gr. 8·15 und 8·05; — Mionnet,
   I, 323, 1044 und 1045; Suppl. III, 470, 118,
   letztere nach dem offenbar schlecht erhaltenen
   Exemplare wiederholt, welches Millingen in
   seinem Recueil 1812, Taf. II, 18 veröffentlicht
   hatte. — Cousinéry, Essai, Taf. III, 19; — Leake,
   Num. Hell. Eur. Gr. S. 75, Nr. 2, Grm. 8·39,
   angeblich mit 𝗠𝗔 in Monogramm; nach der mir

---

113) Stephanus Byz. — Heuzey a. a. O. S. 356.
114) Heuzey, a. a. O. S. 301; Bursiau, a. a. O. I, S. 38.
115) Bursian, a. a. O. I, S. 109; Heuzey, a. a. O. S. 424 ff. —
Der letztere, welcher Metropolis mit dem alten Erysiche identificirt,
nimmt dafür die Ruinen bei Rigani, Leake dagegen, und mit ihm
Bursian und Kiepert, diejenigen von Lykovitzi an.

vorliegenden Copie dieses Stückes, welche ich der Gefälligkeit des Rev. S. S. Lewis in Cambridge verdanke, ist dasselbe mit dem deutlichen Zeichen ᛗ unter dem Pegasos versehen. [116])

2. Æ 22 Mm., Grm. 8·12. — Wie Nr. 1, mit ᗅᛏ in einer viereckigen Contremarke auf dem Helmkessel. [117])

> Brit. Museum; abgebildet Taf. III, Nr. 20.
> Cf. Mionnet, Suppl. IV, 131, 893, angeblich mit **M**.

Diese Stater kommen ziemlich häufig, in der Regel aber schlecht erhalten vor, und es ist wohl letzterem Uebelstande zuzuschreiben, dass bis jetzt die Pallasfigur des Schildes unerkannt geblieben ist. Die Prägung dieser Münzen muss von einer gewissen Dauer gewesen sein, da die meisten der bekannten Exemplare von verschiedenen Stempeln herrühren; bis jetzt habe ich deren sechserlei beobachten können. Eigenthümlich ist dem Pallaskopfe fast aller dieser Gepräge ein besonders spitzes unschönes Kinn, das, ein bischen weniger auffallend, auch auf dem der Stadt **Koronta** zugeschriebenen Stücke wahrzunehmen ist. Dass das Symbol des Schildes gleichzeitig auch auf Statern von Argos, Koronta, Leukas und Thyrreion erscheint, ist schon früher als charakteristisch hervorgehoben worden.

3. Æ Grm. 7·92. — Pallaskopf linkshin; dahinter ein Donnerkeil.

> ℞ **M**. Linkshin fliegender Pegasos.
> Wien. — Vgl. Anm. 112.

---

[116]) Leake's Nr. 1, (Metropolis, S. 75) ist ein Stater von Ambrakia, dessen unter dem Pegasos befindliches **A** durch Verprägung doppelt, einem **M** ähnlich, erscheint.

[117]) Cf. den Stater Nr. 79 von Anaktorion und Nr. 14 von Thyrreion mit derselben Einstempelung.

Oiniadai.

454 v. Chr. — Erfolglose Belagerung Oiniadai's durch die Athener.
Thukyd. I, 111; Diodor. XI, 85, 88.

?   — Bald nachher erobern die Messenier aus Naupaktos
die Stadt, um sie im darauffolgenden Jahre wieder an
die Akarnanen zu verlieren.
Pausanias, IV, 25.

429 „ „ — Oiniadai befindet sich auf der Seite der Lakedaemonier.
Thukyd. II, 82.

428 „ „ — Athener und Akarnanen belagern die Stadt ohne
Erfolg.
Thukyd. III, 7.

426 „ „ — Die Oiniaden verharren in ihrer Sonderstellung zum
akarnanischen Bund.
Thukyd. III, 94.

424 „ „ — Oiniadai wird von den Athenern und Akarnanen gezwungen, ihrem Bündnisse beizutreten.
Thukyd. IV, 77.

Vor 323 v. Chr. — Die Stadt wird von den Aetolern genommen.
Diodor. XVIII, 8; Plutarch, Alexander, 49.

314 v. Chr. — Vertriebene Oiniaden setzen sich in Sauria? fest.
Diodor. XIX, 67.

219 „ „ — Oiniadai wird den Aetolern durch Philipp entrissen.
Polyb. IV, 65.

211 „ „ — Rückgabe der Stadt an die Aetoler durch die Römer.
Polyb. IX, 39; Livius, XXVI, 24.

189 „ „ — Oiniadai wird wiederum akarnanisch.
Polyb. XXII, 15; Livius, XXXVIII, 11.

———————

Die nicht sehr alten Silbermünzen, welche einerseits
das bärtige Haupt eines Flussgottes im Profil, und anderseits ein grosses Digamma oder Vau zeigen, sind, nachdem

ihnen die verschiedenartigsten Attributionen zu Theil geworden, [118]) zuerst von Friedlaender als Prägungen der
Arkarnanen erkannt, und den Oiniaden zugetheilt worden. [119]) Dem nachstehenden Verzeichnisse der Münzen
dieser Gattung füge ich einige derjenigen Stücke hinzu,
welche, wiewohl ihnen das Digammazeichen fehlt, gleicher
Herkunft zu sein scheinen.

1. R 14 Mm., Grm. 2·20. — Bärtiger Achelooskopf mit
Stierhals rechtshin; darunter ⋈. Perlkreis.

> B ꓱ in einem vertieften Vierecke.
> M. S. — J. P. Six.

2. R 15 Mm., Grm. 2·19. — Derselbe Kopf rechtshin.

> B F in einem vertieften Quadrate.
> Brit. Museum; — Rev. num. 1859, Taf. I, 19.

3. R 15 Mm., Grm. 2·15. — Derselbe Kopf rechtshin;
dahinter Schriftspuren. [120])

> Berlin; Berliner Blätter 1865, S. 1—6,
> Taf. XIII, 1.

4. R 15 Mm., Grm. 2·25. — Derselbe Kopf rechtshin.

> B KΛΛΛ—IP—oΛ vor, unter und hinter dem F
> vertheilt. Vertieftes Quadrat.
> M. S.; — Brit. Museum, Grm. 2·20; — Berlin,
> Grm. 2·48 und 2·23; Revue num. 1859, Taf. I,
> 19ᵃ und Berliner Blätter II, 1865, Taf. XIII, 2.
> Abgebildet Taf. I, Nr. 17.

---

[118]) Cf. L. Müller, Rev. num. 1859, S. 32 ff., Taf. I, 19, a — d.

[119]) Berliner Blätter II. 1865, S. 1—7, Taf. XIII, 1—3.

[120]) Friedlaender glaubte auf einem Exemplare — OINI . .
entziffern zu können; ich möchte an dieser Stelle eher einen Magistratsnamen, wie auf Nr. 6, vermuthen.

5. Æ 15 Mm., Grm. 1·94 (vernutzt). — Wie Nr. 4, mit der Aufschrift **KA — Λ — ΛIPO — A**, hinter dem Digamma beginnend. Leicht vertiefte Rundung.

> Brit. Museum; — F. Bompois in Marzy, Grm. 1·90.

6. Æ 16 Mm. — Derselbe Kopf rechtshin; dahinter **ΑΓΗ**.

> ℞ **EOIN FA · · И · · A · · AP · ·**? um das Digamma herum. Flaches Feld.

> Paris, Revue num. 1859, S. 33, Anm. 7, Taf. I, 19ᵈ.

Die eben citirte und die übrigen Abbildungen a. a. O., Nr. 19ᵇ und ᶜ und in den Berliner Blättern 1865, Taf. XIII, 3 betreffen alle ein und dasselbe Exemplar der Münze, deren Aufschrift noch nicht entziffert und erklärt werden konnte. Die hinter dem Kopfe befindlichen Buchstaben **ΑΓΗ** [121] stehen vermuthlich für ᾿Αγήμων, einen Namen, welchen wir bereits aus ungefähr gleich alten in Stratos geprägten Münzen (cf. Bundesmünzen, Nr. 2) kennen. Statt des nicht ganz sichern Buchstabens **E**, mit dem die Aufschrift der Rückseite beginnt, möchte Friedlaender **F** (**FOIN**) lesen, was allerdings wahrscheinlicher klingt.

7. Æ 10 Mm., Grm. 1·06. — Bärtiger Achelooskopf rechtshin; darunter eine Mondsichel.

> ℞ Grosses **T** in einem leicht vertieften Quadrate.

> Berlin; Berliner Blätter II, 1865, S. 7, Taf. XIII, 4; Kopenhagen: L. Müller, Undersogelse

---

[121] Bezüglich dieser Lesung scheint Friedlaender a. a. O. S. 5 die übrigens von ihm S. 3 angeführte Anmerkung der Revue num. S. 33, 7 nicht beachtet und überhaupt der neuen bessern Abbildung Taf. I, 19ᵈ, wenig Vertrauen geschenkt zu haben.

at graeske Mynter, der have Tegnet T til Typ, 1857, Taf. Nr. 1.

8. Æ 11 Mm., Grm. 0·87 (gering erhalten). — Derselbe Kopf rechtshin.

℞ T zwischen zwei Eichenzweigchen; darunter KAΛ.

Brit. Museum; abgebildet bei Müller, a. a. O., Nr. 2.

9. Æ 11 Mm., Grm. 1·01. — Derselbe Kopf rechtshin; um denselben herum ANT — A — ΣOΣ ?.

℞ T zwischen zwei Eichenzweigchen; darunter Spuren von Buchstaben.

Sammlung Paotiadès-Bey in Athen; abgebildet Taf. I, Nr. 18 und in der Rev. num. 1865, Taf. VII, 1, S. 159. Die Lesung der Aufschriften ist leider nicht sicher zu stellen, so gut sonst die Erhaltung des Stückes ist.

Die drei Münzchen mit dem grossen Tau hat auch Lambros in seinem Aufsatze über „Werthbezeichnungen auf Münzen" [122]) den Oiniaden zugetheilt. Es sind dies die Hälften der Stücke mit dem grossen Digamma: Nr. 7 entspricht den Ganzen Nr. 1—3, auf denen oft das nämliche, einer Mondsichel ähnliche Beizeichen unter dem Acheloos-kopfe zu treffen sein soll, [123]) Nr. 8 den Nr. 4 und 5 mit der Beischrift KAΛΛIPOA, und Nr. 9 der Nr. 6 mit dem Magistratsnamen.

---

[122]) A. von Sallet's Zeitschr. für Num. II, 173, Nr. 4—6.

[123]) Friedlaender, Berl. Blätter II, S. 7.

Da nun das Zeichen T nicht als Initiale eines Orts-
namens aufzufassen ist, [124]) so könnte man nahezu versucht
sein, auch das auf den grösseren Münzen die Stelle des Tau
einnehmende F für etwas Anderes als den Anfangsbuchstaben von Οἰνιάδαι zu halten. Und in der That, je eingehender man sich mit diesen Münzen beschäftigt, je
mehr drängen sich Zweifel auf, ob die Attribution nach
Oiniadai wirklich die richtige oder die einzig mögliche
sei. Da die Lesungen **FOINI** und **FOIN** der Münzen Nr. 4
und 6 keineswegs festgestellt sind, so bildet im Grunde
den einzigen Anhaltspunkt für die vorgeschlagene Zutheilung die, an und für sich gewiss ganz berechtigte, Voraussetzung, dass der Name Οἰνιάδαι oder Οἰνία ursprünglich
mit einem vorgesetzten Vau geschrieben worden sei. Mit demselben Rechte aber kann man F auf Fαναχτόριον deuten, welche
Schreibart überdies sowohl inschriftlich als durch Münzen bezeugt ist; und diese Erklärung des Zeichens hätte einst um
so einleuchtender erscheinen müssen, als versucht worden ist,
die Münzen mit T ihres Buchstabens wegen der Anaktorion
benachbarten Stadt Thyrreion zuzuweisen. Da letzteres
aber nicht angeht, und von Anaktorion, welches unaus-
gesetzt mit korinthischen, und auf den aktischen Apollokultus bezüglichen Typen geprägt hatte, ebenfalls abzusehen
ist, so müsste man sich wieder unbedingt Friedlaender's
Ansicht anschliessen, wenn nicht die Möglichkeit für weitere
Deutungen des Vau gegeben wäre. Diese Möglichkeit
scheint aber vorhanden zu sein. Denn erstens ist es denkbar, dass der Buchstab F, gleich wie den Namen Oiniadai
und Anaktorion, einst ebenso dem Namen der Bewohner

---

[124]) Cf. die unter Alyzia, Koronta und besonders unter Stratos
besprochenen Münzen gleichen Gewichtes mit ⫟Ì, oⵏ, ⵏⵀ, und ⫟Ƀ;
— Lambros, a. a. O. S. 173, Nr. 7—9.

der Achelooslandschaft vorgesetzt worden sei, und dass
folglich F für Fαχαρνᾶνες stünde. Zweitens stellt aber F,
als sechster Buchstab altgriechischer Alphabete, auch das
Zahlzeichen (ἐπίσημον) 6 dar. Anknüpfend an den letztern
dieser Auslegungsversuche, ist neuerdings auf die in hohem
Grade auffällige Erscheinung hinzuweisen, dass das Zeichen
F sich bis jetzt ausschliesslich nur auf den Nominalen vor-
findet, welche, gewiss nicht nur zufällig, das doppelte Gewicht der mit T bezeichneten Münzen haben. Man wird in
Folge dessen unwillkürlich zu der Frage hingedrängt, ob,
wenn doch T als Werthbezeichnung für d r e i kleinere Ein-
heiten dastehe, F logischer Weise nicht als Ausdruck für
s e c h s derselben aufzufassen sei. Bei dieser Deutung wäre
allerdings eines Widerspruchs zu erwähnen, der mir darin zu
liegen scheint, dass die D r e i z a h l durch die Initiale des
Wortes, welches den Werth ausdrückt, dargestellt ist, die
S e c h s z a h l dagegen durch ein wirkliches Zahlzeichen: [125]
ein Umstand, der einiges Bedenken zu erregen geeignet sein
mag, aber der Frage dennoch nicht alle und jede Berechtigung abschneidet.

Das F der akarnanischen Münzen könnte ferner auch die
zweifache Bedeutung als Initiale für das Wort Ἀχαρνᾶνες
und als gleichzeitiges Zahlzeichen haben, wofür in die Auf-

---

[125] Der Gebrauch des F als Z a h l b u c h s t a b scheint zwar auf
keinem der alten griechischen Denkmäler nachweisbar zu sein: gewöhnlich wird auf denselben die Zahl 6 durch ΠΙ (πέντε und Ι aus
gedrückt. Es ist indessen möglich, dass, da in den specifisch akarnanischen Ortschaften das äolische Schriftzeichen Vau sich länger
im Gebrauche erhalten hatte, als in den kolonisirten Küstenplätzen
des Landes und in anderen Gegenden, F hier für das Zahlwort Fἕξ
oder für ein damit z u s a m m e n g e s e t z t e s Wort steht; so gedeutet,
würde es auch dem muthmasslichen Sinne des T entsprechen.

schriften ꟼTƐ und IꟼT das grosse Tau ein Analogon zu
bieten scheint, indem dort das Tau als Bestandtheil der
betreffenden Aufschrift und zugleich als selbstständiges
Zeichen für eine Werthbezeichnung auftritt. Von dieser
Annahme ausgehend, liesse es sich auch leicht erklären,
warum F als Anfangsbuchstab des Volksnamens nur auf die
der Zahl 6 entsprechenden Nominale gesetzt worden.

Würde mit der Zeit der Nachweis wirklich geleistet
werden, dass dem Vau die eine oder die andere, oder gleichzeitig beide der vorgeschlagenen Deutungen zukommen, so
hätte wohl, als Bundeshauptstadt der Akarnanen, Stratos das
erste Anrecht auf die Zutheilung der Münzen. Diese würden
sich auch, als etwa der ersten Hälfte des IV. Jahrhunderts
v. Ch. angehörend, ganz gut zwischen die älteste städtische
Silberprägung mit den beiden Köpfen, und die jüngere,
welche neben den Aufschriften Ƨ und ꟼTƐ die gleichen
Typen wie die Vau- und Tau-Münzen tragen, als Bundesmünzen der Akarnanen einschieben lassen. Auf diese
Weise erhielte die Stadt, bis zu ihrer Unterwerfung unter
die Herrschaft der Aetoler, eine augenscheinlich ununter-
brochene Reihe von Prägungen.

Der Name Καλλιρέα, welcher sowohl auf einigen der
Münzen mit F als auf anderen mit T erscheint, und auf eine
Quelle, von der nichts überliefert ist, bezogen wurde, wäre
der neuen Attribution keineswegs hinderlich. Der Name
steht in nächster Beziehung zu der Entstehungsfrage der
Akarnanen, welcher zu Folge Kallirhoë die Tochter des
Acheloos und die Mutter des Akarnan, des ἥρως ἐπώνυμος
der Landschaft, war. [126])

---

[126]) Pausanias VIII, 24, 9; Apollodor. III, 7, 5.

Wenn ich mich in Folge der vorstehenden Betrachtungen genöthigt sehe, die absolute Richtigkeit der bisherigen Zutheilung der Digamma-Münzen nach Oiniadai
wiederum in Frage zu stellen, so möchte ich damit weder
das Verdienst, welches Friedlaender durch seine entscheidende Wegleitung erworben hat, geschmälert, noch dessen
Vorschlag definitiv abgewiesen wissen. Um Letzteres mit
voller Ueberzeugung thun zu können, bedarf es noch einer
für Stratos günstigen Auslegung der bis jetzt räthselhaft
gebliebenen Aufschrift der Münze Nr. 9 und vor Allem
eines vermehrten numismatischen Materials.

Von der Kupferprägung mit der Aufschrift
OINIAΔAN und dem Monogramme der Akarnanen Æ,
der einzigen ganz sichern Münze der Oiniaden, ist schon
früher, bei den Gaumünzen Nr. 3—5, die Rede gewesen.
Vor Alexander's Tode schon war aber Oiniadai aetolisch
geworden, und von diesem Zeitpunkte an scheint die
Stadt nicht mehr gemünzt zu haben.

Was Alt-Oiniadai anbetrifft, von welchem Strabon,
450, als einer halbwegs zwischen Stratos und der Ache-
loosmündung gelegenen und verlassenen Stadt berichtet,
so sind schwerlich Münzen von ihr zu erwarten. Eine
Bedeutung wie Stratos und Neu-Oiniadai hat sie wohl nie
gehabt; entweder war sie bald nach der Gründung der
letztern Stadt von den Akarnanen selbst aufgegeben, oder
wie es ihre exponirte Lage mit sich brachte, schon früh
den räuberischen Aetolern in die Hände gefallen und zer-
stört worden.

Palairos.

431 v. Chr. — Die Athener überlassen den Akarnanen in Palairos
das Gebiet der korinthischen Kolonie Sollion.
Thukyd. II, 30.

Von Palairos, dessen Gebiet sich schon früh durch die
Einverleibung Sollions nicht unerheblich erweitert hatte,
bestehen noch bedeutende, und zum Theil trefflich erhal-
tene Ruinen, welche Heuzey, a. a. O., S. 391 ff., Taf. IX
und X, ausführlich beschrieben hat. Als Münzstätte scheint
sich indessen die Stadt, von deren Geschichte ohnehin
nichts weiter bekannt ist, nicht hervorgethan zu haben.

Die erste Münze, die man Palairos gegeben, ist ein
Pegasosstater, mit A und dem Perseushelm als Beizeichen,
und dem Monogramme Æ unter dem Flügelrosse. [127]) Es
kann derselbe aber schon desswegen dieser Stadt nicht
angehören, weil in dem Namen Πάλαιρος das in dem Monogramme ausgedrückte E gar nicht vorkömmt.

Dagegen scheint Cousinéry's Vorschlag, [128]) Æ in
AΠEI(ρωτᾶν) zu zerlegen, das Richtige zu treffen.
Der Stater ist aller Wahrscheinlichkeit nach eine Prägung
der Epeiroten in Ambrakia, wie derjenige mit dem Monogramm Æ für eine solche der Akarnanen in Leukas zu
halten ist.

---

[127]) Millingen, Ancient coins Taf. IV, 4; von Prokesch-Osten,
Inedita 1859.

[128]) Essai, S. 154 ff., Taf. IV, 1. — Es existirt auch ein Theil-
stück des Staters mit Æ; Mionnet, Suppl. IV, 131, 890; Cousinéry,
Essai, ligne achéenne, Taf. 11, 29.

Ein anderes Monogramm Ɱ, das sich ohne jeden
Zwang in ΠΑΛΑΙΡος auflösen lässt, hat mit scheinbar
mehr Recht den Anlass geboten, der Stadt Palairos die
folgende kleine Münze zuzuweisen:

1. Æ 17 Mm., Grm. 1·60. — Weiblicher Kopf linkshin;
hinter ihm das obige Monogramm, oder auch
etwas abweichend Ɱ

    ℞ Rechtshin fliegender Pegasos; darunter ein
Dreizack.

    M. S. — J. P. Six, Grm. 1·76 und 1·47. —
Mionnet I, 324, 1053. — Postolakka, Monumenti
dell' Inst. arch. VIII, 1866, Taf. XXXII, 9,
Grm. 1·63.

Phytia.

426 v. Chr. — Eurylochos zieht mit den Peloponnesiern durch
Phytia nach Argos.
    Thukyd. III, 106.

219 „ „ — Philipp V. zwingt die Aetoler zur Uebergabe der
Stadt.
    Polyb. IV, 63.

Der im Herzen Akarnaniens, etwas südlich von
Medeon gelegenen Stadt Phytia oder Phoitiai hat Postolakka zuerst einige kleine Münzen mit korinthischen Typen,
in Silber und Bronze, zugetheilt:

1. Æ 15 Mm., Grm. 2·61. — Weiblicher Kopf mit Kekryphalos rechtshin; hinter ihm Φ.

℞ Linkshin fliegender Pegasos.

Athen; Monumenti dell' Instituto archeologico VIII. 1866, Taf. XXXII, 10.

2. Æ 14 Mm., Grm. 2·42. — Derselbe Kopf linkshin; dahinter Φ.

℞ Linkshin fliegender Pegasos.
Athen; a. a. O. Nr. 11.

3. Æ 14 Mm., Grm. 2·50. — Derselbe Kopf rechtshin; dahinter Γ.

℞ Φ unter dem rechtshin fliegenden Pegasos.
Athen; a. a. O. Nr. 12.

4. Æ 14 Mm. — Bellerophon auf dem rechtshin fliegenden Pegasos; darunter Φ.

℞ Dreizack; links daneben eine Weintraube.
Athen; a. a. O. Nr. 13.

Sicherer als diese Zutheilungen scheint mir diejenige einiger Kupfermünzen zu sein, welche mit denen von Medeon besonders grosse Aehnlichkeit haben:

5. Æ 17 Mm. — Lorbeerbekränztes Haupt Apollons, mit langen Haaren, rechtshin.

℞ Dreifuss mit einer links herabhängenden Tänie; rechts daneben ☿.
M. S.

6. Æ 17 Mm. — Derselbe Kopf rechtshin.

℞ Φ—Υ. Dreifuss mit zu beiden Seiten herabhängenden Tänien.
Bibliothek Turin.

7. Æ. 18 Mm. — Derselbe Kopf rechtshin.

℞ ΦY links, ΘE rechts neben einem Dreifuss mit Tänien.

Museum Parma; abgebildet Taf. I, Nr. 19.

Sollion.

431 v. Chr. — Sollion, eine korinthische Gründung, wird sammt seinem Gebiete von den Athenern den Akarnanen in Palairos überliefert.

Thukvd. II, 30 und V, 30.

Ueber die Lage von Σόλιον (Thukydides) oder Σόλλιον (Stephanus Byz.) gehen die Meinungen auseinander. Während Leake die Stadt zwischen Alyzia und Astakos setzt, findet man sie bei Heuzey, a. a. O., S. 397, und in Smith und Grove's Atlas 1874, Taf. XXIV, südwestlich von Palairos am Dioryktos, der Stadt Leukas gegenüber, und bei Bursian, a. a. O. I, S. 115 und in Kiepert's Atlas von Hellas 1872, Taf. VII, südöstlich von Palairos auf dem Wege nach Alyzia.

Die beiden Stellen des Thukydides sind die einzigen Berichte über die Geschichte Sollion's, und die ohnehin als klein bezeichnete Stadt, πολίχνιον, mag nach dem Verluste ihrer Autonomie frühzeitig ganz bedeutungslos geworden sein.

Inzwischen waren Sollion Silbermünzen mit dem Monogramme Σ [129] und Kupfermünzen mit der Aufschrift

129) Leake, Num. Hell. Eur. Gr. S. 97.

ΣΟΛΛΕΩΝ [130]) zugetheilt worden. Die ersteren sind aber
korkyraeisch, identisch mit Postolakka's Nr. 152; die
letzteren dagegen mysisch, wie schon A. von Sallet [131])
nachgewiesen hat. Es sind demnach, wie dies übrigens zu
erwarten stand, keine numismatischen Monumente des
akarnanischen Sollion vorhanden.

Stratos.

429 v. Chr. — Stratos, die Hauptstadt Akarnaniens wird von den
Peloponnesiern und ihren Verbündeten erfolglos ange-
griffen.
Thukyd. II, 80,81.

429 „   „   — Die Athener vertreiben die ihnen feindlich gesinnte
Partei aus Stratos.
Thukyd. II, 102.

426 „   „   — Eurylochos auf seinem Zuge nach Argos umgeht
Stratos.
Thukyd. III. 106.

391 „   „   — Stratos wird von König Agesilaos bedroht.
Xenoph. Hell. IV, 6.

---

[130]) Revue num. 1843, Taf. XVI, 6, irrig mit **ΣΟΛΛΕΙΩΝ**.

[131]) Zeitschrift für Numismatik IV, S. 312—314. Mit der Zutheilung dieser Bronzemünzen nach Adramytion kann ich mich
indessen aus verschiedenen Gründen vorläufig nicht ganz befreun-
den. Das hauptsächlichste Bedenken gegen dieselbe erregt die
deutliche Aufschrift **ΙΟΛΛΑ**, welche auf ganz ähnlichen Stücken
wie diejenigen mit **ΑΔΡΑ** und **ΟΛΛΕΩΝ**, erscheint. Die Aufschriften, wenigstens die beiden ersten, können Beamtennamen bezeichnen, wie solche, ohne irgend welche Ortsbezeichnung daneben,
z. B. auf Münzen von Kios und Pitane (Z. f. N. I, Taf. IV, 14), von
Abdera, Maroneia u. a. vorkommen.

314 v. Chr. — König Kassander stärkt Stratos und den akarnanischen Bund.

> Diodor. XIX, 68.

220 „ „ $\Big\{$— König Philipp lagert zweimal in der Nähe des
218 „ „ $\Big\{$ inzwischen aetolisch gewordenen Stratos.

> Polyb. IV, 63 und 64; V, 6, 7, 13, 14, 96.

191 „ „ — Stratos, stets aetolisch, ist das Quartier des Königs Antiochos.

> Livius, XXXIV, 24.

171 „ „ — Stratos, „Aetolien's stärkste Festung" weist mit römischer Hilfe einen Angriff des Perseus zurück.

> Livius, XLIII, 21—23.

Stratos, die bedeutendste Binnenstadt Akarnanien's, und bis zu ihrem Falle durch die Aetoler die starke und mächtige Hauptstadt des akarnanischen Bundesstaates, scheint so wenig wie Oiniadai mit korinthischen Typen geprägt zu haben. Mionnet führt zwar in seinem Supplement III, 472, 128, nach Sestini, eine grössere Silbermünze auf, deren Rückseite den Pegasos mit der Beischrift ΣΤΡΑΤΑΙΩΝ tragen soll: es ist mir aber bis zur Stunde nicht gelungen, das Vorhandensein eines derartigen Stückes zu constatiren, und es ist desshalb, und weil ausserdem die Aufschriftsform bedenklich erscheint, wohl erlaubt an der Richtigkeit jener Angaben zu zweifeln.

Andere Münzen von Stratos sind bis vor kurzem nicht veröffentlicht worden; erst 1866 berichtet Postolakka von einer kleinen Silbermünze, und bald nachher Al. Soutzo von einem Bronzestück, deren beider Beschreibung hier wiederholt werden soll.

Inzwischen glaube ich, theils in der Klasse bisheriger „Incerta", theils in Geprägen, die fälschlich für arkadisch gehalten worden sind, eine kleine Serie Silbermünzen gefunden zu haben, welche sich als die ältesten Prägungen von Stratos herausstellen:

1. Æ 14 Mm., Grm. 2·30. — Bärtiger Kopf eines Flussgottes von vorn, etwas linkshin geneigt.

B $\begin{smallmatrix} A & \mathcal{G} \\ T & \mathcal{L} \end{smallmatrix}$ für ARTZ. Weiblicher Kopf mit Perlendiadem und Halsband, etwas linkshin geneigt. Vertieftes Viereck.

Musée de Luynes, von trefflicher Erhaltung, unter Arkadien liegend; abgebildet Taf. I, Nr. 20. — Ein zweites, aber sehr schlecht erhaltenes Exemplar aus der Fox'schen Sammlung (Grm. 1·97) zeigt ebenfalls den Buchstaben T links neben dem, einem andern Stempel entsprungenen, weiblichen Kopfe. [132])

2. Æ 13 Mm., Grm. 2·33. — Hauptseite identischen Stempels wie Nr. 1.

B $\begin{smallmatrix} \lambda & \dashv \\ A & W \end{smallmatrix}$. Weiblicher Kopf, ohne Schmuck, von vorn. Vertieftes Viereck.

Brit. Museum, vorzüglich erhalten, und bei den „Unbestimmten" liegend; abgebildet Taf. I, Nr. 21. — Ein ganz ähnliches Stück, Grm. 2·34 wiegend, hat von Prokesch-Osten in den „Abhandlungen der Berliner Akademie" 1845, Taf. III,

---

[132]) Abdrücke dieser Münze und der folgenden Nr. 3, sind mir durch Herrn Director Friedlaender freundlichst zur Benützung übermittelt worden.

Nr. 67, publicirt, jedoch mit der irrigen Angabe eines **𐤀** statt **Я**.

3. Æ 11 Mm., Grm. 0·98. — Bärtiges Haupt des Flussgottes von vorn.

℞ **Я ⊣ ◁ W**. Jugendlicher Kopf mit kurzen Haaren linkshin, in einem vertieften Vierecke.

Berlin. — Abgebildet Taf. I, Nr. 22; cf. Friedlaender, in der „Zeitschrift für Numismatik" V, S. 4, wo das Stück für arkadisch ausgegeben, und die Köpfe auf Alpheios und Pan gedeutet sind. Publicirt ist das nämliche Exemplar in der Revue numismatique 1874·77, Taf. XVII, 76, S. 448, 76, wo der Kopf der Reversseite ebenfalls auf den arkadischen Pan bezogen und die Aufschrift willkürlich **ARK** gelesen und gezeichnet ist. [133])

4. Æ 7 Mm., Grm. 0·50. — Bärtiger Kopf linkshin, mit langen, hinten in einen verschlungenen Knoten aufgebundenen Haaren.

℞ Jugendlicher Kopf mit kurzem Haar und einem Pilos bedeckt, rechtshin. Vertieftes Viereck.

M. S.; abgebildet Taf. I, Nr. 23.

---

[133]) Wäre auch der dritte Buchstab wirklich ein **K**, welche Annahme dem vorliegenden Exemplare zufolge durchaus unstatthaft ist, — und der vierte ein Alpha, so liesse sich die so construirte Aufschrift **Я К A A** ebenso gut **A K A P**($\nu\acute{\alpha}\nu\omega\nu$) lesen, als, wie es nach einer vorgefassten Meinung geschehen ist, **ARKA**-($\delta\iota\kappa\acute{o}\nu$). Vgl. die Richtung der Buchstaben auf Nr. 1.

5. Æ 8 Mm., Grm. 0·36. — Kopf linkshin, wie auf Nr. 4,
mit spitzem Bart.

℞ Kopf mit spitzem Bart und zugespitztem Pilos
rechtshin, in einem vertieften Vierecke.
M. S., abgegriffen; abgebildet Taf. I,
Nr. 24.

6. Æ 8 Mm., Grm. 0·41. — Bärtiger Kopf linkshin; das
über dem Nacken zusammengebundene Haupt-
haar fällt als Zopf herunter.

℞ In einem vertieften Vierecke ein (verprägter)
Kopf rechtshin; darüber links und rechts Ƹ — ⋏.
M. S.

Da der Fundort der drei letzten Münzchen Akar-
nanien ist, und eines derselben zudem die Buchstaben
ΣΤ als Aufschrift zeigt, so wird ihrer Zutheilung nach
Stratos kaum das Recht streitig gemacht werden können.

Wir hätten demnach eine kleine Gruppe insgesammt
doppelköpfiger Silbermünzen vor uns, deren Gleichzeitigkeit und Zusammengehörigkeit als Ganze,
Hälften und Viertel in die Augen fällt, — deren Aufschriften, wiewohl auf den vorhandnen Exemplaren nie
vollständig ausgeprägt, sich dennoch gegenseitig in durchaus befriedigender Weise auf ΣΤRΑ ergänzen, — deren
Haupttypus,[114]) der Kopf eines Flussgottes, vorzugs-

---

[114]) Wie die Kopftypen der beiden dem Bunde zugetheilten
Münzen (Nr. 1 und 2) können auch diejenigen der Münzen von
Stratos (Nr. 1 und 2) auf Acheloos und Kallirhoe bezogen
werden. Von den übrigen Köpfen stellen vielleicht einige den
Akarnan dar.

weise den Münzen der Achelooslandschaft eigen ist, [135])
und deren Gewichtssystem, mit demjenigen der Oiniadai zugeschriebenen Silbermünzen übereinstimmend, für
die betreffende Epoche vorläufig einzig in Akarnanien
unterzubringen ist. [136]) Hiezu kommt noch das Vorhandensein der beiden gleichtypigen, etwas jüngeren Münzen,
von denen die eine mit den beiden alleinigen Buchstaben
A—K, die andere mit dem wahrscheinlich auf einen
Bundesstrategos zu beziehenden Namen **ΑΓΗΜΩΝ**
bezeichnet ist, und welche die älteste Prägung akarnanischer Bundesmünzen darzustellen scheinen. Aufschriften
und Währung, theilweise Fundort und Typen, Alles spricht
hier ebenso bestimmt für die Zutheilung dieser Münzen
nach Stratos, als gegen eine solche nach Arkadien.

Von competenter Seite ist mir zwar eingewendet
worden, die Aehnlichkeit des weiblichen Kopfes anf
1 und 2 mit demjenigen im Dreiviertel-Profil gewisser
arkadischer Triobolen und Obolen sei zu gross, um jene
Prägungen Arkadien absprechen zu können; und „selbst
wenn die Lesung **ΣΤΡΑ** für Nr. 1 und 2 constatirt sein
sollte, so liesse sich das **ΑЯ··** der Nr. 3 immer noch auf
Arkadien beziehen“. Auf die letztere Behauptung vermag
ich ihrer mir unfassbaren Logik wegen nicht einzutreten;
und zur Widerlegung der erstern verweise ich einfach auf

---

[135]) Die Möglichkeit, dass auch anderswo im eigentlichen
Hellas, als in Akarnanien, das Bild eines Flussgottes, z. B. des
Alpheios, auf autonome Münzen gebracht worden sei, kann
natürlich nicht bestritten werden. Beispiele dafür gibt es aber bis
jetzt, ausser dem Arathoos auf ambrakischen Kupfermünzen (cf.
Anm. 30), keine.

[136]) Ueber die Gewichte der alt-akarnanischen Silbermünzen, s. unten.

die bezüglichen Münzen oder deren Abbildungen selbst.[137])
Ist es auch nicht zu leugnen, dass eine gewisse technische
und stilistische Verwandtschaft zwischen den beiden Münzgattungen vorhanden ist, so stellt sich aus der gegen-
seitigen Vergleichung doch klar heraus, dass diese Aehnlichkeit nur so weit geht, um für die ungefähre Gleichzeitigkeit der Prägungen zu zeugen; desselben Zeitstiles
sind z. B. zahlreiche Triobolen der Phoker und Münzen
anderer hellenischer Städte.

Die Prägung des ältesten städtischen Geldes von
Stratos (Nr. 1—6) muss etwa bis an die Grenzen des
V. und IV. Jahrhunderts v. Chr. herabreichen. An seine
Stelle scheint sodann für einige Zeit Bundesgeld mit den
nämlichen Typen getreten zu sein.[138]) Später treffen wir
wiederum Münzen mit dem Ortsnamen, Σ, ΣΤΡ,
ΣΤΡΑΤΙΩΝ (Nr. 7—10), welchen, wenn sich die Vermuthung betreffend die gewöhnlich den Oiniaden zugeschriebenen, mit Ϝ und Τ bezeichneten Silbermünzen als
richtig herausstellen sollte, die letzteren als Bundesmünzen
theils vorangegangen, theils zur Seite gestanden wären;
denn ihrer Fabrik nach könnten sie unbedenklich zwischen
die Gruppen Nr. 1—6 und 7—10 eingeschoben werden.
Die letzten Prägungen von Stratos bilden wahrscheinlich,
wie ich früher auseinandersetzte, die Kupfermünzen des
Bundes mit den Monogrammen 𝔸 und 𝔸.

---

[137]) Friedlaender und A. v. Sallet: Das königl. Münzkabinet.
1877, Taf. I, 52 (1873, Taf. I, 45); Imhoof, Zeitschrift für Num. III,
1876, Taf. VII, 6 und VIII, 3.

[138]) Das bei den Bundesmünzen beschriebene Stück Nr. 2
mit dem Namen ΑΓΗΜΩΝ könnte noch zu dem städtischen Gelde
gezählt werden, je nachdem eine zweite Aufschrift anderer Exemplare dieser Münze lautete.

7. Æ 16 Mm., Grm. 1·75 (vernutzt). — Bärtiger Kopf des
   Acheloos rechtshin.

    ℞ Σ im flachen Felde.

      J. P. Six.

Der Buchstab könnte auch M gelesen werden und zu
einer Attribution der Münze nach Metropolis Veranlassung
geben; diejenige nach Stratos scheint mir indessen die
richtigere zu sein.

8. Æ 12 Mm., Grm. 1·17. — Derselbe Kopf rechtshin.

    ℞ ⊤ in einem leicht concaven Felde.

      Al. Soutzo, Revue num. 1869, S. 176, Taf. VI,
      12. — P. Lambros, Zeitschrift für Num. II.
      S. 173, 7.

9. Æ 18 Mm. — Weiblicher Kopf rechtshin.

    ℞ ΣΤΡΑΤΙΩΝ vor dem bärtigen Ache'looskopfe
    rechtshin.

      Athen; Postolakka, Monumenti dell' Instituto
      archeol. VIII, 1866, Taf. XXXII, 14. — Brit.
      Museum, mit E(?) hinter dem Ache'looskopfe.

10. Æ 12 Mm. — Bärtiger Kopf des Acheloos rechtshin.

    ℞ ΣΤΡΑΤΙΩΝ links neben einem Dreifusse; rechts
    im Felde E.

      Privatsammlung in Athen.

Die Aufschrift der Silbermünze Nr. 8 kann nach
meinem Dafürhalten ohne Bedenken ϘΤΣ gelesen werden.
Da das Stück in die Reihe der akarnanischen Prägungen
gehört, welche mit dem grossen Τ bezeichnet sind (siehe
Alyzia, Koronta, Oiniadai), und dieses Zeichen hier
gerade durch den Mittelbuchstaben der drei Initialen des

Namens Stratos dargestellt ist, so wurde durch dessen
Vergrösseruug, ohne jede Störung der Symmetrie, der
Zweck erreicht, dem Tau in ႭᎢჳ die gewünschte zweite
Bedeutung zu geben. Diese Auslegung gewinnt noch
an Wahrscheinlichkeit, wenn man bedenkt, dass die beiden Buchstaben Ꙁ und ℙ sich ohne dazwischen stehendes
Ꭲ nicht zusammen reimen, während sie doch sicher
Theile ein und desselben Namens sind. [139]) Ein Analogon
hiezu findet sich auch in dem gleichartigen Münzchen,
dessen unter Alyzia gedacht worden ist; dem Tau seiner
Aufschrift ᴛ, ob diese nun ᎡᏆᎢ oder ᏆᎡᎢ gelesen werde,
ist durch die Vergrösserung ebenfalls der Doppelsinn eines
gewöhnlichen, mit den beiden übrigen zusammenhängen-
den Buchstabens, und gleichzeitig eines besondern selbst-
ständigen Zeichens verliehen.

Dieser Buchstab Ꭲ hat zu verschiedenartigen Erklä-
rungen Anlass gegeben. Friedlaender [140]) versuchte denselben als Initiale des Namens Thyrreion hinzustellen,
Müller [141]) als religiöses Symbol, und Lambros [142])
endlich als Werthbezeichnung für Τριημιωβόλιον.

Der erste dieser Vorschläge kann heute wohl ganz
ausser Betracht fallen, [143]) und auch Müller's Ansicht lässt

---

[139]) Lambros fasste die Aufschrift so auf, als ob ᵀ für
Τριημιωβόλιον, und Ꙁ für Stratos stünde, was doch etwas allzu
erzwungen erscheint.

[140]) Berliner Blätter II, 1865, S. 7.

[141]) Revue num. 1862, S. 301/8.

[142]) Zeitschr. f. Num. II, S. 173/4.

[143] Wiewohl im Griechischen der Wechsel von Theta und
Tau nachweisbar ist, so ist er doch nirgends für den Namen
Θύρριον bezeugt. Drakenborgh, dessen Zeugniss a. a. O. angerufen
wird, spricht sich nur über die lateinische Schreibweise des

sich vor der Thatsache, dass alle diese akarnanischen
Tau-Münzen gleiche Nominale sind, nicht länger beführ-
worten. Was schliesslich die Erklärung des Herrn Lambros
anbetrifft, so scheint sie insofern das Richtige zu treffen,
als er in dem Т eine Werthbezeichnung erblickt; dagegen
bleibt es noch sehr fraglich, ob damit wirklich „Τριτημιο-
βόλιον" gemeint sei. Um die theils vielleicht vor Schluss
des V., grösstentheils während des IV. Jahrhunderts v. Chr.
geprägten Münzchen, welche er a. a. O., S. 173 unter
Nr. 4—9 zusammengestellt hat, als Trihemiobolien deuten
zu können, nimmt Lambros seine Zuflucht zu den viel
jüngeren und gewiss einem ganz verschiedenen Systeme
angehörigen akarnanischen Gaumünzen des III. und II.
Jahrhunderts v. Chr., — berechnet das Mittel der Gewichte der Hemistater dieser Serie, welche nach der oben
gegebenen Tabelle zwischen Grm. 5·07 und 4·10 schwan-
ken, — stellt das Resultat dieser Berechnung, Grm. 4·61,
als Durchschnittsgewicht einer akarnanischen
Drachme hin, und erhält auf diesem Wege das erwünschte
Trihemiobolion zu Grm. 1·15!

Selbst bei der Aussicht, dass mit dem Aufgeben
dieser Grundlage einstweilen keine sichere neue Erklärung
als Ersatz für die von Lambros versuchte zu bieten sei,
wird man sich dennoch bei weiteren Deutungsversuchen
des Tau unbedingt dazu verstehen müssen, jene späten
Bundesmünzen von unserm Gesichtskreise auszuschliessen.
Als einzig massgebend für fortgesetzte Forschungen in
dieser Richtung darf nur das zeitgenössische Material

griechischen Namens aus, und beweist durch seinen Zusatz, dass er
die in ältern Ausgaben des Livius vorkommende Schreibart
„Tyrrheum" gerade nicht als orthographisch anerkennt.

gelten. und wenn dieses heute noch zu gering ist, um
einen unbestrittenen Erfolg in der Auslegung des Τ zu
ermöglichen, so müssen wir eben zuwarten, bis neue Funde
mehr Licht in die Sache bringen werden.

Bis jetzt sind unter den älteren akarnanischen Münzen
nur drei Nominale zu unterscheiden:

a) Grm. 2·34—1·97, Stratos städtische Prägung.
   „   1·97—1·85,   „   Bundesprägung.
   „   1·75   „   jüngere städt. Prägung.
   „   2·48—1·90, Oiniadai(?), alle mit Ϝ.

b) Grm. 1·17—0·98, Stratos, wovon eine mit Τ.
   „   1·06—0·87, Oiniadai(?) mit Τ.
   „   1·13   Koronta(?) mit Τ.
   „   1·15   Münze mit ΠΟ.
   „   1·12—1·09,   „   „   ΔΠ.

c) Grm. 0·50—0·36, Stratos.

Die leichten Gewichte, welche besonders zahlreich
in der ersten Gruppe vertreten sind, rühren von der Ab-
nutzung oder sonstiger schlechter Erhaltung der betreffenden Exemplare her, und sind desswegen nicht in Rechnung
zu ziehen. Die Mehrzahl der gut und sehr gut erhaltenen
Stücke des schwersten Nominals schwankt zwischen
Grm. 2·35 und 2·20; ein einziges, vielleicht zu schwer
ausgeprägtes Exemplar, zeigt Grm. 2·48. Das Gewicht der
Hälften variirt bei guter Erhaltung, den Ganzen entspre-
chend, von Grm. 1·17—1·04. Die vermuthlichen Normal-
gewichte der drei Nominale lassen sich demnach auf
ungefähr Grm. 2·40—1·20 und 0·60 beziffern, was kaum
zu hoch gegriffen sein wird. Grössere Stücke, deren
Gewichte uns eine Wegleitung zur Feststellung des Münz-

systems geben könnten, sind bis jetzt nicht bekannt
geworden, und aus dem V. und IV. Jahrhundert v. Chr.
sind auch keine Prägungen der Nachbarstaaten vorhanden,
welche mit den obigen Gewichten normirt gewesen wären.
Der attischen und korinthischen Drachme, deren
Einbürgerung bei den Akarnanen am ehesten vorauszusetzen gewesen wäre, entspricht das Gewicht der F- und
T-Münzen ebensowenig als der aeginaeischen. Sucht
man weiter, so findet man in der Chalkidike und in
einigen Städten Makedoniens und Thrakiens neben
Stücken von ca. Grm. 14·40, welche der hier in Betracht
kommenden Epoche angehören, gleichzeitige Theilmünzen
zu höchstens Grm. 2·40 und 1·20. Könnte man nun hier die
Drachme zu sechs Obolen auf einen Drittel des Gross-
stückes zu Grm. 14·40, d. h. auf Grm. 4·80 ansetzen,
so verhielte sich zu dieser der T-Nominal mit Grm. 1·20
allerdings genau wie ein Trihemiobolion. Das nämliche
Resultat würde sich ergeben, wenn man die Silberstater
von Ichnai, Lete, Neapolis u. a. mit Grm. 9·60 zu Grunde
legte, und deren Hälften als Drachmen betrachtete.
Solche Ableitungen zur Erklärung der akarnanischen
Währung sind aber gewiss zu weit hergeholt, um grosse
Wahrscheinlichkeit für sich beanspruchen zu dürfen.

Schliesslich bleibt noch, will man die Zeichen T und
TPI im Sinne Lambros' deuten, der Ausweg offen, das
höchste bekannte Nominal von Grm. 2·40 als akarnanische Drachme und dessen Hälfte als Τριώβολον zu
erklären. Es ist dies freilich wiederum nur eine Hypothese
und nicht eine sichere Lösung.

Thyrreion.

373 v. Chr. — Der Athener Iphikrates bekriegt Thyrreion.
　　　　　Xenoph. Hell. VI, 2.

219 „　„　— Die Aetoler versuchen die Stadt zu nehmen.
　　　　　Polyb. IV, 6.

197 „　„　— Nikomachos, ein Verbannter aus Thyrreion, ist aeto-
　　　　　lischer Gesandter.
　　　　　Polyb. XVII, 10.

191 „　„　— König Antiochos versucht, Thyrreion zu besetzen.
　　　　　Livius. XXXVIII, 11 und 12.

169 „　„　— Volksversammlung der Akarnanen in Thyrreion.
　　　　　Polyb. XXVIII, 5; Livius. XLIII, 17.

Die ältesten bekannten Münzen Thyrreion's sind
Pegasosstater, deren Prägung erst nach Alexander begonnen zu haben scheint. Die Gruppe besteht aus den folgenden theils veröffentlichten, theils unedirten Varietäten:

1. Æ 20 Mm., Grm. 8·51. — Pallaskopf rechtshin; dahinter ☉.

　　℞ Ueber einer etwas gekrümmten horizontalen Linie
ein linkshin fliegender Pegasos; zwischen dessen
Füssen ☉.

　　　Brit. Museum; abgebildet Taf. III, Nr. 21.

2. Æ 21 Mm., Grm. 8·48. — Pallaskopf linkshin.

　　℞ ☉—Y—P vor, unter und hinter dem linkshin
fliegenden Pegasos.

　　　Wien; Eckhel, Mus. Caesar. Taf. II, 8.

3. Æ 21 Mm., Grm. 8·55. — ☉YPP über dem Pallaskopfe
linkshin; dahinter ein Rhyton, linkshin in den

Vordertheil eines Greifen mit einwärts gekrümmten Flügeln ausgehend.

M. S. — J. P. Six, Grm. 8·26. — Cf. Leake,
Num. Hell. Enr. Gr., S. 107.

4. Æ 24 Mm., Grm. 8·46. — ΘΥ unter dem Pallaskopfe
rechtshin; dahinter ein grosses O h r g e h ä n g.

Ŗ Linkshin fliegender Pegasos.

J. P. Six. — Cf. Leake, a. a. O., S. 107,
Grm. 9·04, mit Θ im Ŗ.

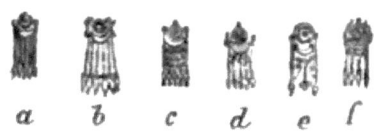

$a \quad b \quad c \quad d \quad e \quad f$

Das B e i z e i c h e n dieser und der folgenden Münzen
ist verschiedenartig erklärt worden. Bei Mionnet finden
wir es als „eine Art Dreifuss“ oder als „unbekanntes
Instrument“ bezeichnet. Panofka (Archaeol. Zeitung 1847,
S. 140/141) gab es für einen Lychnos, Kandelaber oder
Thymiaterion aus, und phantasirte dabei über den „unzweifelhaften“ Zusammenhang dieser Lichtsymbole mit
dem Stadtnamen! Bei Leake ist das Symbol zum ersten
Male als O h r g e h ä n g erkannt; eine Vergleichung desselben mit dem Ohrschmucke der weiblichen Köpfe der
schönen Didrachmen von Opus,[144] Pheneos[145] und Stymphalos[146] stellt die Deutung ausser Frage. Gleicher Form

---

[144] Mionnet, Recueil de planches, LXXII, 3; T. Combe, Mus.
Brit., Taf. VI, 3.

[145] Friedlaender und A. v. Sallet: Das königl. Münzkabinet,
1877, Taf. II, 153.

[146] Ebendaselbst, Taf. II, 154; Mionnet, Recueil de planches, LXXIII, 8.

sind auch die prächtigen goldenen Ohrgehänge, welche, in gewöhnlicher und in kolossaler Grösse, in dem Grabe der Demeterpriesterin auf der Halbinsel Taman am kimmerischen Bosporos gefunden worden sind. [147])

Alle folgenden Stater zeigen beide Typen linkshin gewendet:

5. Æ 22 Mm., Grm. 7·85. — Hinter dem Kopfe ein Ohrgehäng (Form *c*).

    ℞ ☉ unter dem Pegasos.
        M. S. — J. P. Six, Grm. 8·28. — Leake, a. a. O., S. 107, Grm. 8·92.

6. Æ 24 Mm., Grm. 8·60. — ☉ vor, Υ und Ohrgehäng (Form *d*) hinter dem Kopfe.

    ℞ ☉ unter dem Pegasos.
        M. S. — Leake, a. a. O., S. 107, Grm. 8·68, und Suppl. S. 149, Grm. 7·52.

7. Æ 20 Mm., Grm. 8·60. — ΛO unter, ☉Υ und Ohrgehäng (Form *e*) hinter dem Kopfe.

    ℞ ☉ unter dem Pegasos.
        M. S. Cousinéry, Essai, Taf. III, 21.

8. Æ 20 Mm., Grm. 8·62. — Wie Nr. 7, mit ΛO vor dem Kopfe.
        J. P. Six. — Museum Hunter, Taf. LX, 5.

---

[147]) Stephani, Compte rendu de la Commission archéologique de St. Petersbourg, Année 1865, Taf. II, 1—3; — Daremberg et Saglio, Dict. des antiquités, p. 797.

9. ⟨R 22 Mm., Grm. 7·54. — Υ unter, Λ und Ohrgehäng
(Form *a*) hinter dem Kopfe.

℞ Θ unter dem Pegasos.
J. P. Six. — München mit Υ vor dem Kopfe.

10. ⟨R 21 Mm., Grm. 7·55. — Υ vor, Λ und Ohrgehäng
(Form *a*) hinter dem Kopfe.

℞ ΘΥ unter dem Pegasos.
M. S. — Leake, a. a. O., S. 107, Grm. 7·88.

11. ⟨R 24 Mm., Grm. 8·20. — ΛΥ unter, Θ vor, Υ und
Ohrgehäng (Form *b*, *d* und *f*) hinter dem
Kopfe.

℞ Θ unter dem Pegasos.
M. S. — Leake, a. a. O., Suppl. S. 149,
Grm. 8·42. — Mionnet, Suppl. III, 473, 133,
Grm. 8·62, angeblich mit ΙΘ unter dem Pegasos;
das vermeintliche Jota rührt indessen nur von
einer Unebenheit im Stempel her, wie mich ein
Abdruck des Originals belehrt.

12. ⟨R 21 Mm., Grm. 8·50. — Wie Nr. 11, mit ΥΛ unter
dem Kopfe; Ohrgehäng (Form *c*).
Paris; Mionnet, Suppl. III, 473, 137, gibt auf
der Rückseite abermals ΙΘ, und über dem
Rücken des Pegasos eine Aehre als Beizeichen
an; dieses und der Buchstab sind aber auch hier
als blosse Folgen von Stempelbeschädigungen
anzusehen.

13. ⟨R 21 Mm., Grm. 8·45. — Wie Nr. 11, mit Ρ statt Θ
auf der Rückseite.
J. P. Six.

14. Æ 21 Mm., Grm. 8·20. — Wie Nr. 13; auf dem Helm-
   kessel des Pallaskopfes in viereckiger Contremarke das Monogramm ᛗ.

   ℞ Identischen Stempels wie Nr. 13.
   Wien.

Das eingestempelte und wahrscheinlich auf Ambrakia
zu beziehende Monogramm erscheint in gleicher Weise auf
Statern von Anaktorion (Nr. 79) und Metropolis (Nr. 2).

15. Æ 22 Mm., Grm. 8·54. — Θ vor, Y und rechtshin
   stehende Eule hinter, und ΛY unter dem Pallaskopfe.

   ℞ P unter dem Pegasos.
      M. S.; abgebildet Taf. III, Nr. 22. — J. P.
   Six, Grm. 8·26.

Das P der Rückseite der drei vorstehenden Stater,
alle verschiedenen Stempels, gehört offenbar zu den Buchstaben ΘY der Hauptseite, um ΘYP zu bilden. In ähnlicher Weise finden wir auch auf Münzen von Abakainon,
Akragas, Larisa und Lampsakos die Aufschriften ABAKAI
— ᴎOᴎIᴎ, AKRA—CAΣ, ΛA—IЯ und ΛAM—YA
auf beide Prägseiten vertheilt.

16. Æ 23 Mm., Grm. 8·35. — Ⱥ unter dem Pallaskopfe
   linkshin; dahinter EΓI und eine linkshin stehende Artemis in langem Gewaude, in jeder
   Hand eine Fackel haltend.

   ℞ Θ. Linkshin fliegender Pegasos.
      M. S. — J. P. Six, Grm. 8·45. Abgebildet
   Taf. III, Nr. 23.

17. Æ 22 Mm., Grm. 8·70. — Boeotischer Schild
    hinter dem Kopfe.

  ℞ ☉ unter dem Pegasos.
    J. P. Six.

18. Æ 22 Mm., Grm. 7·60. — ☉ vor, Y und boeotischer
    Schild hinter dem Kopfe.

  ℞ ☉Y unter dem Pegasos.
    M. S. — München, Grm. 8·45. — Cousinéry,
    Essai, Taf. III, 20. — Leake, a. a. O., S. 107,
    Grm. 8·64.

18ᵃ. Æ 21 Mm. — ☉ vor, Y und Amphora hinter dem
    Pallaskopfe.

  ℞ ☉ unter dem Pegasos.
    Mus. Santangelo Nr. 12345.

19. Æ 22 Mm., Grm. 8·05. — ☉ unter dem Kopfe.

  ℞ ☉ unter dem Pegasos.
    J. P. Six.

In Prokesch's Inedita 1859 ist ein Stater mit dem
Beizeichen einer Prora, und ☉ auf jeder Seite angezeigt;
gesehen habe ich diese Varietät nicht. — Ferner hat
A. von Rauch (unedirte griechische Münzen 1846, Taf. I,
10) einen angeblichen Thyrreionstater publizirt, mit dem
Beizeichen des Acheloosskopfes und einer Hand, die eine
brennende Fackel hält. Die Münze ist aber von Korinth,
hat statt des Acheloosskopfes einen Stierschädel und das
Zeichen ♂ statt ☉.

20. Æ 17 Mm., Grm. 4·80. — Pallaskopf rechtshin.

  ℞ ☉ zwischen den Füssen der rechtshin schreiten-
    den Chimära.

M. S. — Fox, Unedited or rare gr. Coins, I, Taf. IX, 80, mit dem Buchstaben ☉ im Abschnitt.

Eine sonst ganz gleiche Münze hat **A** über der Abschnittslinie (Æ 18 Mm., München) und wurde Argos oder Ambrakia zugetheilt. Gesichert sind diese Attributionen noch nicht.

Wie schon die Untersuchungen über die akarnanischen Bundesmünzen und die leukadischen Didrachmen ergeben haben, so stösst die bisherige Ansicht, als ob der Stadt Thyrreion die Prägung sämmtlicher Gaumünzen mit dem Acheloöskopfe und den Apollotypen zuzuschreiben wäre, auf mehrfache und ernstliche Bedenken. Auf früher Gesagtes verweisend, sei hier bloss wiederholt, dass, wenn jene Annahme nicht gerade als durchaus unhaltbar abzuweisen ist, doch gewichtige Gründe vorliegen, die hier in Rede stehende Prägung, wenigstens zum grössern Theile, Leukas zuzuschreiben, [148]) und dass ferner die städtischen Münzen Thyrreion's mit den akarnanischen Typen der Zeit anzugehören scheinen, welche der Lostrennung der Insel Lenkas von Akarnanien im Jahre 167 v. Chr. folgte. Aus der überaus rohen Technik der meisten Silber- und einiger Kupfer-Gepräge Thyrreion's geht überdies mit Gewissheit hervor, dass noch einige Zeit fortgemünzt wurde, nachdem alle übrigen akarnanischen Städte ihre Prägungen eingestellt hatten. Thyrreion scheint demnach in der Zeit, als der akarnanische Bund und die Mehrzahl seiner Städte bereits um ihre frühere Bedeutung

---

[148]) Es könnte auch ein periodischer Wechsel des Bundessitzes, und mit ihm ein solcher der Bundesmünzstätte vorausgesetzt werden, besonders etwa für die 20—30 Jahre, welche dem Falle von Leukas vorangingen.

gekommen waren, noch eine verhältnissmässig hervor-
ragende Stellung im Lande behauptet zu haben.

Die Goldmünze, welche Mionnet im Suppl. III, 472,
129 nach Gessner beschreibt, ist offenbar falsch, wahrscheinlich ein Abguss der akarnanischen Bundesmünze
Nr. 27 mit dem Namen ΦΕΡΕΛΑοΣ, und nicht ΘΕΡΑΝ-
ΔΡοΣ.

Die mir bekannten Thyrreischen Münzen der jüngsten
Reihe sind folgende:

21. Æ 25 Mm., Grm. 10·68. — ΜΕΝΑΝΔΡοΣ hinter dem
bartlosen Achelooskopfe rechtshin.

℞ ΘΥΡΡΕΙΩΝ. Apollon nackt, mit hinten auf-
gebundenem Haar und herabhängenden Locken,
rechtshin auf einem Throne sitzend, in der vorgestreckten linken Hand einen Bogen haltend;
im Felde rechts ⋈.
M. S. — Ein zweites Exemplar, aus anderen
Stempeln, Grm. 10·13.

22. Æ 25 Mm., Grm. 9·64. Wie Nr. 21.

℞. ΘΥΡΡΗΩΝ. Apollon linkshin sitzend, mit dem
Bogen in der Rechten; vor ihm 🜨.
Mionnet, II, 85, 51, abgebildet in Pellerin,
Peuples et Villes, I, Taf. XIII, 10.

23. Æ 18 Mm., Grm. 4·74. — ΜΕΝΑΝ-ΔΡοΣ. Derselbe
Kopf rechtshin.

℞ Wie Nr. 22; im Felde links 🜨.
Musée de Luynes. — Leake, Num. Hell. Eur.
Gr., S. 106. Grm. 4·63, mit ähnlichem Mono-
gramm.

24. Æ 25 Mm., Grm. 9·61. — ···ΝΙΑΤοΣ hinter dem Achelooskopfe linkshin.

   ℞ ΘΥΡΡΕΙⵡΝ vor dem rechtshin sitzenden Apollon; hinter ihm, ein undeutliches Monogramm.

   Musée de Luynes.

25. Æ 25 Mm., Grm. 9·52. — ··Ω?ΝΑΤοΣ hinter dem Achelooskopfe rechtshin.

   ℞ ΘΥΡΡΕΙ·· hinter dem linkshin sitzenden Apollon; vor ihm ⱣⱣ.

   Modena.

26. Æ 25 Mm., Grm. 8·93. — ΞΕΝΟΜΕ·ΝΗΣ∴∴ hinter und über dem Achelooskopfe rechtshin.

   ℞ ΘΥΡΡΕΙΩ(Ν) hinter dem linkshin sitzenden Apollon.

   J. P. Six.

27. Æ 25 Mm., Grm. 9·72. — ΞΕΝοΜΕΝΗΣ hinter dem Achelooskopfe rechtshin.

   ℞ ΘΥΡΡΕΙΩΝ. Derselbe Typus; vor demselben Ⱥ.

   Paris; cf. Mionnet, II, 85, 52 und Suppl. III, 474, 140; Pellerin, Peuples et Villes, I, Taf. XIII, 11. — Brit. Museum, Grm. 8·55. — Mus. naz. di Napoli Nr. 7049.

28. Æ 17 Mm., Grm. 2·92. — ΘΥΡΡΕ hinter einem Pallaskopfe rechtshin. Perlkreis.

   ℞ ΞΕΝΟ—ΜΕΝΗΣ auf zwei Zeilen in einem Lorbeerkranze.

   Paris; Mionnet, Suppl. III, 473, 139.

Der Magistratsnamen der drei letzten Münzen veranlasste Cavedoni [149]) und Heuzey [150]) an den Xenomenes in Thyrreion zu erinnern, dessen Gastfreundschaft Cicero genossen, wie er als Proconsul von Kilikien nach seiner Provinz reiste und von dieser wieder nach Rom zurückkehrte, 51 und 50 v. Chr. Trotz des rohen Stiles der betreffenden Münzen ist es indessen kaum glaublich, dass diese Prägungen so weit herabreichen, dass man den Xenomenes der Münzen mit Cicero's Freunde identificiren dürfte.

29. Æ 18 Mm., Grm. 6. — Pallaskopf mit attischem Helm, rechtshin.

℞ **ΘΥΡΡΕΩΝ.** Linkshin stehende Eule; vor ihr eine brennende Fackel.

M. S. — Cf. Eckhel, Num. vet. aneed. Tab.VII, 17. — Sanelementi, I, Taf. VII, 40; ohne Symbol. — Smith's Dict. of. gr. und rom. Geogr. II, S. 1196, mit Abb. — Leake, a. a. O. Suppl. S. 149.

30. Æ 17 Mm., Grm. 2·35. — Gleicher Typus.

℞ **ΘΥΡ** rechts neben einer rechtshin stehenden Eule; zu beiden Seiten ihres Kopfes je ein Oelzweig.

M. S. — Cf. v. Prokesch-Osten, Inedita 1854.

31. Æ 15 Mm., Grm. 1·90. — Derselbe Kopf rechtshin.

℞ **ꟼΥΘ** hinter einer linkshin stehenden Eule; vor ihr ein Zweig.

M. S.

---

[149]) Bulletino dell' Instit. arch. 1850, S. 14.

[150]) Le Mont Olympe et l'Acarnanie, S. 378.

32. Æ 16 Mm. — Derselbe Kopf rechtshin.

ʐ ΘΥP hinter einer rechtshin stehenden Eule; vor
ihr eine Maus.
  Bibl. Athen, Nr. 2151. — Cf. v. Prokesch-
Osten, Inedita 1854, angeblich mit sitzendem
Hasen.

33. Æ 16 Mm. — Derselbe Kopf linkshin.

ʐ ꟼΥΘ hinter einer linkshin stehenden Eule; vor
ihr ein Stierkopf von vorn.
  M. S. — Cf. andere Varietäten bei Leake, Eur.
Gr. S. 107, und Mionnet, II, 241, 81 und 82
(Thyria in Argolis), wahrscheinlich alles Stücke
von schlechter Erhaltung.

34. Æ 19 Mm. — ΘΥP über, PEIΩN vor dem Pallaskopfe rechtshin.

ʐ XEP-ΣΥΣ. Rechtshin stehende Eule.
  Brit. Museum. — K. Bibl. Turin.

Mit den attischen Typen, Pallaskopf und Eule
prägten ungefähr gleichzeitig die drei akarnanischen
Städte Argos, Medeon und Thyrreion; und bis auf
einen Theil der thyrreischen, die jünger sind, scheinen
alle diese Bronzemünzen dem III. Jahrhundert v. Chr.
anzugehören.

Die Aufschriften der Silber- und Kupfermünzen zeigen
abwechselnd die Formen ΘΥPPEΩN, ΘΥPPEIΩN und
ΘΥPPHΩN.

Nachtrag.

S. 32. — Neben das Bild des Apollon Kitharodos, wie es auf den akarnanischen Gaumünzen Nr. 33 und 34 erscheint, ist als eine beinahe völlig gleichartige Darstellung dasjenige des Apollo-Actius zu stellen, welches wir aus römischen Gold- und Silbermünzen des Augustus kennen, [151]) und das eine Nachbildung des berühmten im palatinischen Tempel aufgestellten Werkes des Skopas zu sein scheint. [152]) Es ist möglich und sogar wahrscheinlich, dass bei Verfertigung dieser Statue der Künstler mehr oder weniger an einen bestimmten schon bestehenden und als Apollon-Aktios allgemein bekannten Typus, dessen Original sich im aktischen Heiligthume befand oder befunden hatte, gebunden war. Diese Vermuthung würde sich zur Gewissheit steigern, wenn nachgewiesen werden könnte, dass das akarnanische Münzbild des Apollon Kitharodos als eine Copie des Cultusbildes in Aktion aufzufassen sei. Da wir aber einstweilen nicht wissen, welchem der vier Apollotypen, die uns die akarnanischen Münzen vorführen, der Beiname des „Aktischen" zukömmt, und ob überhaupt bis in das letzte Jahrhundert v. Chr. im aktischen Heiligthume nur ein Apollobild als „Aktios" verehrt worden, so ist es besser, sich auf die obigen Andeutungen zu beschränken und weiterer Muthmassungen zu enthalten.

---

[151]) Cohen, Méd. Impériales I, S. 56 und 57, Nr. 133, 134, 143, 144, aus den Jahren 11 und 10 v. Chr. Apollon ist in ruhiger Haltung mit Lyra und Schale rechtshin gewendet dargestellt; unter der Figur steht die Aufschrift **ACT**. — Vgl. Apollon auf Tetradrachmen von Lampsakos, Revue Num. 1852, Taf. IV, 7.

[152]) Lud. Stephani, Compte rendu de la Commission archéologique pour l'année 1875, St. Petersbourg 1878, S. 125 ff.

Verzeichniss der in den Text gedruckten Holzschnitte.

Register.

a

a*

Register griechischer Eigennamen. [1])

---

[1]) Die S. 135, 136 und 22 alphabetisch geordneten Beamtennamen von Leukas sind nicht in dieses Register aufgenommen.

ΠΟΛΕΜΑΡΧΟΣ, Leukas 43.

ΠΡΙ, Oiniadai 17.

Σ, Leukas 120.

ΣΙ, Anaktorion 71.

ΦΕΡΕΛΑΟΣ · · ΕΡΙΚΑ-Λ··? Gaumünzen 29.

ΦΙ, Medeon 141.

ΦΙΛΑΝΔΡΟΣ, Gaumünzen 28, 41 f.

ΦΙΛΙΚΟΣ, Gaumünzen 30.

ΧΕΡΣΥΣ, Thyrreion 178.